Gebrauchsanweisung für Malta

mit Gozo und Comino

Agnes Imhof

Gebrauchsanweisung für Malta

mit Gozo und Comino

PIPER

Mehr Bäume. Weniger CO_2.
www.cpibooks.de/klimaneutral

Mehr über unsere Autoren und Bücher:
www.piper.de

ISBN 978-3-492-27713-6

Redaktion: Boris Heczko, Berlin
Karte: cartomedia, Karlsruhe
Satz: Fotosatz Amann, Memmingen
Druck und Bindung: CPI books GmbH, Leck
Printed in the EU

Inhalt

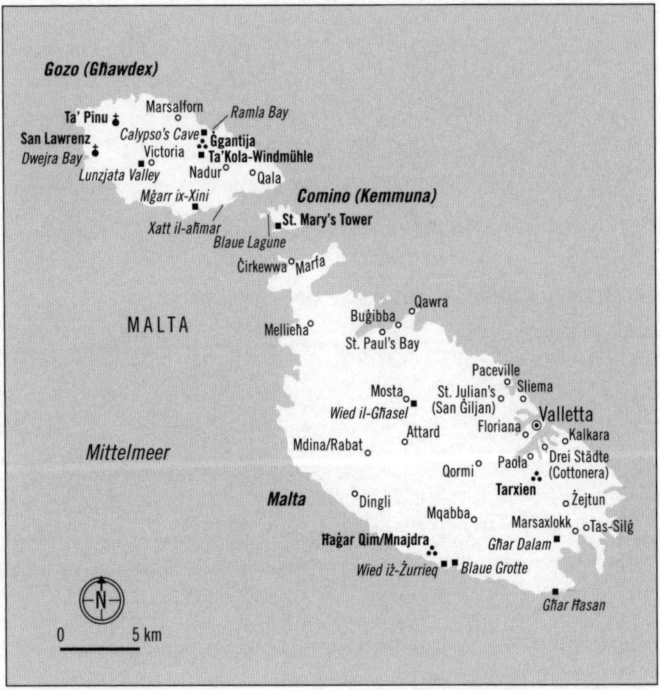

Gozo (Għawdex)
Marsalforn
Ramla Bay
Ta' Pinu
San Lawrenz
Calypso's Cave
Ġgantija
Dwejra Bay
Victoria
Ta'Kola-Windmühle
Lunzjata Valley
Nadur
Qala
Mġarr ix-Xini
Comino (Kemmuna)
Xatt il-aħmar
St. Mary's Tower
Blaue Lagune
Ċirkewwa
Marfa
Qawra
Buġibba
MALTA
Mellieħa
St. Paul's Bay
Paceville
Mosta
St. Julian's
(San Ġiljan)
Sliema
Wied il-Għasel
Valletta
Floriana
Kalkara
Attard
Mittelmeer
Mdina/Rabat
Drei Städte
(Cottonera)
Qormi
Paola
Tarxien
Malta
Dingli
Żejtun
Mqabba
Marsaxlokk
Tas-Silġ
Ħaġar Qim/Mnajdra
Għar Dalam
Wied iż-Żurrieq
Blaue Grotte
Għar Ħasan
N
0
5 km

Einleitung

»Der Ort, von dem aus man it-Tieqa tad-Dwejra sehen konnte. Herzzerreißend«, twitterte der maltesische Präsident Joseph Muscat am 8.3.2017.

Das Fenster von Dwejra war zusammengebrochen. Ziemlich sicher haben Sie es schon gesehen, vielleicht in der Serie *Game of Thrones*. Auch bekannt als das Azure Window auf Maltas Schwesterinsel Gozo: ein natürliches Steintor an der zerklüfteten Küste über dem azurblauen Mittelmeer.

Entstanden ist es ebenfalls durch einen Einsturz: durch den Zusammenbruch einer Höhlenstruktur. Die Westseite Gozos ist windig, den häufigen Nordweststürmen schutzlos ausgesetzt. Unruhige See setzt dem Korallen- und Globigerinenkalk der gesamten Steilküste zu. Die Erosion, die vermutlich auch das benachbarte Blue Hole, eine eingestürzte Höhle unter Wasser, schuf, schritt am Azure Window fast von Jahr zu Jahr erkennbar voran. Schon 2012 war ein Teil des Tors abgebrochen, Ende 2016 wieder ein Stück. Möglich, dass auch die von der Filmkulisse angelockten Touristen zum vorzeitigen Ende beigetragen haben.

Als eines der Wahrzeichen und eine der beliebtesten Sehenswürdigkeiten des maltesischen Archipels schmückte es das Cover von Reiseführern, Werbeplakate und Zeitungsaufmacher: Überbleibsel und Symbol einer Landbrücke zwischen Afrika und Europa, die bis vor rund 13 000 Jahren bestand und zu der einst das gesamte maltesische Archipel gehörte. Eine Brückenrolle zwischen den Kontinenten, die noch heute für Malta charakteristisch ist. Nun existiert es nicht mehr.

Am 8. März 2017 fegten orkanartige Stürme über Süditalien und Malta. Selbst der Fährverkehr zwischen Malta und Gozo musste teilweise eingestellt werden. Um 9.40 Uhr gab der Felsbogen plötzlich nach, stürzte mit einem lauten Krachen ins Meer. Nur noch ein vorgelagerter Felsen verriet, dass hier bis vor wenigen Sekunden eine weltbekannte Filmkulisse gestanden hatte, geformt in Jahrtausenden.

Obwohl der fragile Zustand des Tors allgemein bekannt war, hatte kaum jemand mit einem so schnellen Ende gerechnet. »Verwaist« fühlten sich nach Auskunft der *Times of Malta* die Bewohner der umliegenden Orte und mit ihnen viele andere Gozitaner und Malteser. Mir ging es wie ihnen. Seit meinem ersten Besuch auf Malta kannte ich das Azure Window, und das ist eine lange Zeit. Ich war ein halbes Kind, als ich das erste Mal auf dem Felsbogen stand und mir der raue Seewind durchs Haar fegte. Er war so lange da gewesen, vielleicht schon zur Zeit der Megalithkultur, auf jeden Fall aber als die Johanniterritter sich auf Malta niederließen. Hatte die Zeit von Queen Victoria erlebt und den Zweiten Weltkrieg überstanden. Natürlich hatte ich gedacht, er würde noch da sein, lange nachdem ich nicht mehr da bin. Er schien mir unsterblich. Aber die Zeit ist manchmal kapriziös, und das Wasser formt die schroffen Küsten der Inseln immer neu.

Ich bin eine Meereskreatur – Wasser formte mich.
Mal schläfert es mich ein, mal weckt es mich.
Wellen tanzen wie Flammen von Feuer.
Doch Wellen kommen und gehen,
Feuer geht nicht.

So die zeitgenössische maltesische Dichterin Simone Inguanez in ihrem Gedicht *Nymphe*.

Indes geht das Leben weiter, und im Umgang mit den alltäglichen und weniger alltäglichen Katastrophen des Lebens sind die Malteser ohnehin Meister. Schon eine Woche später listete das Schweizer Reisenachrichtenportal Travelnews.ch neun weitere Felsentore wie das Qrendi Window auf, die sich als Nachfolger von it-Tieqa tad-Dwejra empfehlen.

Das sind ziemlich viele fremde Namen. Entschuldigung. Wenn man sehr lange mit einem Ort auf Du und Du ist, vergisst man, dass es eine Zeit gab, in der er einem fremd war. Malta ist für mich ein Teil meiner selbst geworden, so sehr, dass ich manchmal vergesse, dass es je anders war. Daran haben auch die Malteser ihren Anteil. Manchmal beklagen sie sich zwar schon über den vielen Tourismus. Aber irgendwie sind sie selbst daran schuld. Sie geben einem eben dieses gute Gefühl, als ob man schon immer dazugehören würde. Selbst Odysseus hat es auf Gozo (angeblich) sieben Jahre ausgehalten, länger als auf jeder anderen Station seiner Reise. Einer wie ich, der nirgendwo richtig heimisch wurde.

Der Wind und das Wasser formen Malta bis heute. Umtost vom Sturm wie ein Schiff, das ein bisschen zu groß geraten ist. Und das einer wie mir das Gefühl gibt, dass sie ein Stück weit immer noch auf See ist und nur ein ganz klein bisschen gelandet. Vielleicht ist das der Grund, warum ich seit so langer Zeit immer wiederkomme. Und während andere Inseln wie Mallorca oder Rhodos oder Zypern präsenter sind, habe ich manchmal das Gefühl, dass Malta ein wenig der schwimmenden Insel des Aiolos oder anderen mythischen Inseln gleicht. Irgendetwas Magisches zwischen Schiff und Insel, das ständig neue Gestalten annehmen kann und immer für eine Überraschung gut ist. Verzaubert eben.

In Wirklichkeit schwimmt Malta natürlich nicht, aber unbekannt ist es trotzdem noch vielen. Anfang 2017 übernahm Malta die EU-Ratspräsidentschaft, 2018 ist Valletta europäische Kulturhauptstadt, und noch immer muss man hin und wieder zeigen, wo es liegt. Dabei hat der maltesische Archipel eine Tourismustradition, die bis zu Odysseus zurückreichen soll, überstand eine Belagerung durch die Türken (1565) und italienische und deutsche Luftangriffe im Zweiten Weltkrieg (1940–1942) und verfügte seit Mitte des 16. Jahrhunderts über das wahrscheinlich modernste Krankenhaus Europas – zum Nulltarif.

Als ich als Teenager das erste Mal nach Malta, Gozo und Comino kam, hatte die Insel gerade einen intensiven Flirt mit Gaddafis Libyen abgebrochen und Kurs auf Europa genommen. Im Industriehafen von Valletta sprang schon mal ein Arbeiter in der Pause kurz von seinem Kran ins Wasser, um eine Runde zu schwimmen, und auf den Straßen kurvten Busse, die bereits zu Lebzeiten von Queen Victoria museumsreif gewesen sein dürften. In Liedern wie dem *Maltese Calypso* machten sich die Malteser liebevoll über die Eigenarten ihrer Insel lustig, mit britischem Humor und mediterranem Esprit. Der

Refrain lautet: *Malta, we love Malta: These are the things we'd alter.* Und was man so alles ändern möchte – davon werde ich Ihnen nachher noch ein Liedchen singen.

Von all dem wusste ich natürlich damals noch nichts, als ich hier das erste Mal die windige Luft schnupperte. Irgendwo in nicht allzu großer Entfernung war ein Feuerwerk zu sehen. Später sollte ich erfahren, dass der August auf Malta die Zeit der *festas* ist – der Dorffeste zu Ehren der lokalen Heiligen. Vorerst stand ich auf der Treppe, die vom Flugzeug auf den Asphalt von Luqa führte. Luqa? Apropos … wie sprach man das eigentlich aus? *Luka*? *Luqwa*? *Lucha*? Monate vor dem Flug hatte ich Malti zu lernen begonnen, die einzige semitische Sprache mit lateinischen Buchstaben – und zwar mit einem englischsprachigen Lehrbuch, dem einzigen, das damals in Deutschland erhältlich war. Der Buchstabe q wurde dort umschrieben als ein Laut aus dem Cockney, das ich nicht beherrschte.

Der Zollbeamte war einigermaßen überrascht über den Teenager, der ihn, kaum den Wolken entstiegen, mit einer philologischen Frage ansprang. Normalerweise ist jeder Tourist heilfroh, dass er nicht Malti sprechen muss, sondern sich mit Englisch, der zweiten Landessprache, verständigen kann. Dann aber gab er mir Auskunft – freundlich, augenzwinkernd und in der sicheren Gewissheit, dass dieser Nerd zwar ein bisschen spleenig war, aber *so what*? Q, erfuhr ich also, wird gar nicht gesprochen, es ist ein Stimmabsatz: Luqa spricht man Lu'a. Und ohne es zu wissen war ich durch diese Aktion auch selbst schon ein wenig maltesisch geworden: Denn ich hatte in Sachen maltesische Sprachkompetenz zu improvisieren gelernt. Und damit die wahrscheinlich wichtigste Kulturtechnik der Inselgruppe erworben.

Heute ist Malta nicht nur Ferieninsel, auch die ganz große Filmindustrie hat das Eiland aus gelbem Kalkstein über dem azurblauen Meer entdeckt. Hollywoodgrößen wie Brad Pitt oder Daniel Craig gehen hier ein und aus. Die Autos wurden größer und schicker, und unter der Dusche geht nicht mehr das Wasser aus. Die Frauen haben die sonntägliche *għonnella* abgelegt, den gestärkten Schleier.

Nachdem der streitbare Sozialist Dom Mintoff mit Gaddafi angebandelt und der libyschen Botschaft einen prominenten Palazzo im Zentrum der Hauptstadt überlassen hatte, sind heute in Valletta die Europafreunde am Ruder (und die Libyer sind umgezogen). Mit der Übernahme der EU-Ratspräsidentschaft leitete die ehemalige britische Kolonie Malta die Brexit-Verhandlungen – und Joseph Muscat war dabei kein einfacher Verhandlungspartner für die ehemaligen Kolonialherren. Er kann stolz sein: Als einziges südeuropäisches Land hat Malta die Finanzkrise gut überstanden.

Urlauber träumen von glasklarem Wasser in tausend Schattierungen von Blau, von kühnen Felsformationen, Höhlen und versunkenen Schiffen, die das Tauchen und Schnorcheln zum Erlebnis machen. Pilgertouristen hoffen auf spirituelle Weiterentwicklung im Kloster oder beim Inselpatron, dem heiligen Paulus. Faszinierende Befestigungsanlagen, niemals eroberte Bollwerke gegen das expansionsfreudige Osmanische Reich erheben sich in strahlendem Goldgelb über dem azurblauen Meer. Weltweit einmalige Megalithtempelanlagen, älter als die Pyramiden, ragen aus der kargen, nach Thymian duftenden Landschaft und geben bis heute Rätsel auf. Der Finanzsektor, der Tourismus und die Spieleindustrie boomen.

Aber auch Trauriges gibt es zu berichten. Durch den Mord an der investigativen Journalistin Daphne Caruana Galizia gerieten Malta und seine Regierung in die Kritik: als Hort der Korruption und der internationalen organisierten Kriminalität. Es folgten Demonstrationen und weltweit schlechte Presse. Malta hat auch ein hässliches Gesicht, das gezeichnet ist von Geldgier, Skrupellosigkeit und Brutalität. Das Image des Ferienparadieses bröckelt, so wie die Felsformationen an der Küste. Irgendwie passend, dass das Azure Window im selben Jahr zusammenbrach wie die sonnige Fassade.

Was geblieben ist? Das Denkmal von Queen Vicky auf dem Republic Square blickt noch immer auf die Cafés von Valletta, wo es die beste *Figolla* gibt, das traditionelle Ostergebäck. In den Häfen von Valletta und Marsaxlokk dümpeln noch immer die *luzzi* genannten bunten Fischerboote, auf deren Vorderfront Augen gemalt sind. Für Grundschüler ist es völlig normal, in einem Palast aus dem 16. Jahrhundert unterrichtet zu werden. Das vielleicht bedeutendste vorgeschichtliche Monument ist unter der Erde, und die Pools sind auf dem Dach. Der unverwechselbare Humor der Bewohner ist geblieben, der wilde Kulturmix und natürlich das beneidenswerte Improvisationstalent. Im Turbogang ist Malta im 21. Jahrhundert angekommen – und die Malteser haben es mit der ihnen eigenen Gelassenheit und Natürlichkeit geschafft, trotzdem sie selbst zu bleiben. Nur im *Maltese Calypso* müssen bisweilen Strophen umgeschrieben werden.

Die Big-Bang-Theorie

Festa und Feuerwerk

Wenn man an einem schönen Augustabend in Luqa aus dem Flugzeug steigt, wird man zuallererst diese unverwechselbare Luft spüren. Eine Luft, schwül und schwer vom Salzwasser und gleichzeitig von einem leichten Wind bewegt. Im Wind schwanken die dunklen Palmen am Flughafen. Alles ist so friedlich.

Dann aber ertönt auf einmal ein Knall, als würde das Flugzeug hinter einem in die Luft gejagt. In einiger Entfernung schießt ein ungeheures Feuerwerk in den südlich-warmen Nachthimmel. Legt gerade ein wichtiger Politiker eine Stippvisite auf Malta ein? Gar die Queen? Oder ist heute irgendein Nationalfeiertag, von dem nichts im Reiseführer stand?

Bevor Sie jetzt hektisch Ihre Smartphones zücken – nein, beruhigen Sie sich. Sie haben nichts verpasst. Das ist kein Piratenüberfall, kein Nationalfeiertag und auch nicht die Rückkehr der Jedi-Ritter, von der Sie nichts mitbekommen haben. Das, was Sie da hören und sehen, ist vermutlich nur ein Dorffest.

Nein, ich will Sie nicht auf den Arm nehmen. Ja, ich weiß, Malta hat rund 436 000 Einwohner (Stand: 2017). Ja, ich weiß, was das für die Einwohnerzahl eines durchschnittlichen Dorfs bedeutet. Und ja, ich weiß auch, dass das ziemlich viel Pyrotechnik pro Kopf ist. Aber meinetwegen, wenn Sie mir nicht glauben, gehen Sie nachsehen.

Im Ernst: Fragen Sie nach der nächsten Festa. Und Sie werden feststellen, dass der große Knall alles bestimmt. Dies ist meine persönliche Big-Bang-Theorie:

Birgu, 10. August. Jedes Jahr – todsicher.

Es ist später Nachmittag. Seit Stunden prallt die Sonne auf das weitläufige Hafengebiet um Valletta. Müde dümpeln die bunten Fischerboote auf dem Wasser. Die nachmittägliche Schwüle hat ihren Höhepunkt überschritten, allmählich kann man wieder atmen, und die ersten Malteser beenden ihre Siesta.

Wir setzen von Valletta aus über den Großen Hafen. Lassen die Kreuzfahrtschiffe hinter uns und steuern auf Birgu, Senglea und Cospicua zu, die Drei Städte. Sie werden durch eine beeindruckende Verteidigungsmauer beschützt, erbaut von Großmeister Cotoner. Wenn Sie mit Maltesern sprechen, werden Sie feststellen, dass die meisten »Cottonera« statt »Three Cities« sagen. Wir werden noch öfter hören, dass es für viele maltesische Orte zwei Namen gibt: einen allgemein gebräuchlichen und einen Insidernamen, wie etwa bei Senglea (L'Isla) und Cospicua (Bormla). Das ist typisch für Malta und spiegelt die jahrhundertelange Zweisprachigkeit wider.

Das trutzige Fort St. Angelo, das Birgu dominiert, war während der Türkenbelagerung 1565 Sitz des Ordensgroßmeisters. Nach dem Sieg über die Türken wurde das Dörfchen, in dem Großmeister La Valette und die meisten Ordensritter die Belagerung überstanden hatten, in »Vittoriosa« umbenannt: italienisch für »die Siegreiche«. Es war die Anerkennung eines Großmeisters, der im Grunde keine andere zu vergeben hatte: Sein Lehen war gerade von den Türken verwüstet worden, die Schatulle leer vom monatelangen Krieg, und er konnte froh sein, dass er noch am Leben war.

Die Malteser nahmen den Ruhmestitel mit all der Höflichkeit an, deren sie zu Recht gerühmt werden, und heute noch steht auf der Landkarte Vittoriosa. Doch sie nennen die Stadt bis heute Birgu.

Unten am Fuß des Kalkfelsens, auf dem der Ort liegt, schiebt sich der Große Hafen weit ins Land hinein und bildet den Dockyard Creek. An seinen Ufern geht Birgu in Bormla (Cospicua) über. Während der Großen Belagerung lagen hier die Ordensgaleeren. Heute legen die Fähren aus Valletta hier an, und am Ufer schaukeln Jachten. Geht man die Uferpromenade entlang in Richtung Birgu, erreicht man nach kurzer Zeit die Kirche San Lawrenz. Von außen eine schlichte Barockkirche, gelber Kalkstein. Innen viel roter Samt, ein paar Seitenkapellen. Und das Wichtigste: der heilige Laurentius.

Auf seinen Auftritt am 10. August warten Einwohner und Besucher schon Wochen vorher. In diesen Wochen ist Birgu ein wirklich gefährdeter Ort. Mit den Feuerwerkskörpern, die hier für den großen Tag gehortet werden, könnte man halb London in die Luft jagen.

Unten am Hafen im Sonnenschein merkt man davon nichts. Birgu sieht noch ein bisschen verschlafen aus, wie so oft. Auch wenn Touristen kommen, um die Befestigungen aus der Ordenszeit zu sehen und um das Malta Maritime Museum, das erste Ordenshospital oder den Inquisitorenpalast zu besuchen. Vielleicht wundern sie sich, dass ab und zu schon ein Böller widerhallt und im makellosen Blau des Himmels weißer Rauch zu sehen ist. Aber noch liegt der Große Hafen ruhig in der Sonne.

Nutzen wir die Zeit noch zu einem kleinen Rundgang.

Birgu war ein unbefestigtes Fischerdörfchen, als die Johanniterritter 1530 Malta bezogen. Vertrieben von einer türkischen Streitmacht, hatten sie Rhodos verlassen müssen und waren auf der Suche nach einer neuen Heimat von Fürstenhof zu Fürstenhof getingelt – oder gleich auf ihren europäischen Besitzungen geblieben. Die Zeit der Kreuzritter war vorbei. Großmeister Philippe Villiers de l'Isle-Adam konnte froh sein, als Karl V. ihm Malta als Lehen gab. Die Hauptstadt Mdina lag im Landesinneren und war bewohnt von aufsässigen Lokaladligen, die alles andere als glücklich über die neuen Herren waren. Und da die Johanniter ohnehin eine Seemacht waren, war ein Hauptsitz am Hafen nicht das Schlechteste.

San Lawrenz wurde ab 1532 die Hauptkirche des Ordens. An der Spitze der Landzunge von Birgu, dort, wo der Fels steil ins Meer abfällt, bauten die Ritter ein Fort, das sie – möglicherweise mit Bezug auf Rom – das Engelsfort nannten: »Castel St. Angelo« ist auch die italienische Bezeichnung für die Engelsburg in der Ewigen Stadt, die Fluchtburg der Päpste. Vermutlich hatte an der Stelle schon in römischer Zeit ein Junotempel gestanden. In der Stauferzeit gab es hier eine Befestigung, von der noch die St. Anne's Chapel, der älteste Teil der Anlage, und die Reste eines Turms zeugen. Dokumentiert ist seit den 1240er-Jahren ein *castrum maris*, also eine Meeresburg. Spätestens während der kurzen Herrschaft der Anjou war hier auch eine kleine Garnison untergebracht. Die Malteserritter bauten den Ort, der auf drei Seiten von Meer umschlossen ist, zu einer Festung aus, die zur Landseite hin durch einen Graben gesichert wurde. Angeblich hat man während der Großen Belagerung 1565 einem osmanischen Gesandten die Festung gezeigt. Beeindruckt soll dieser ausgerufen haben, niemals würden die Türken diesen Ort erobern – und sich zur Bekräftigung dieser Aussage gleich gewaltig in die Hosen gemacht haben.

Apropos Knalleffekte: St. Angelo war auch Munitionslager während der Großen Belagerung – woran man sich während der Festa immer wieder erinnert fühlt. Da hat man nämlich bisweilen das Gefühl, dieses Munitionslager sei versehentlich explodiert. Was einem echten maltesischen Pyrotechniker natürlich nie passieren würde. Weder 1565 noch heute. Schlendern wir also noch ein bisschen weiter.

Vielleicht zum 1535 erbauten Inquisitorenpalast. Der Gerichtssaal hat eine ausnehmend niedrige Tür, sodass die Delinquenten zwangsläufig in gebeugter Haltung eintreten mussten. Oder durch die entzückenden Gassen von Birgu, in denen wir an den Herbergen der Ordensritter vorbeikommen. Diese wurden einst, nach Muttersprachen sortiert, in acht Gruppen eingeteilt, die sogenannten Zungen: acht wie die Anzahl der Spitzen des Malteserkreuzes. Die Heiratspolitik Heinrichs VIII. und das Aufkommen der anglikanischen Kirche führten indes zu massivem Personalmangel in der englischen Zunge: Zur Zeit der Großen Belagerung bestand sie nur noch aus einem einzigen Ritter. Deshalb wurde bald darauf eine bayerische Zunge gegründet und mit der englischen fusioniert. Die *auberges*, die Ordenshäuser der einzelnen Zungen, sind heute bis auf eine in Privatbesitz und daher nur von außen zu betrachten. Lediglich in der englischen

Herberge befindet sich eine Bibliothek. Es sind eher unspektakuläre Steinhäuser, deren schlichte Fassaden nicht vermuten lassen, dass hier die Crème de la Crème des europäischen Adels logierte.

Inzwischen wurde Fort St. Angelo für den Tourismus geöffnet, Museen entstanden. Einzig der oberste Teil des Forts mit der St. Anne's Chapel ist seit 1998 für 99 Jahre an den Malteserorden verpachtet und nur mit Sondererlaubnis zu besuchen. Der untere Teil der Festung ist inzwischen von der Seite des Dockyard Creek her zugänglich, eine weitere neue Brücke befindet sich in Planung. Der waghalsig schmale Zugang über den Graben zur Landseite hin, früher der einzige überhaupt, ist als Denkmal übrig geblieben. Zu seinen Füßen breiten sich die Sonnenschirme eines Cafés aus. Gegenüber zieht sich ein neuer Apartmentkomplex bis an den Graben, mit Panoramafenstern und allem Drum und Dran. Die Jachten sind größer geworden, die Wohnungen auch. Birgu hat sich schick gemacht, der Blick auf die Skyline von Valletta ist einmalig, und mit der Fähre gelangt man heute in wenigen Minuten in die Hauptstadt. Die Filmstudios in Kalkara, ein bedeutender Arbeitgeber, sind ebenfalls schnell zu erreichen. Längst arbeitet man nicht mehr nur in den Trockendocks. Die Uferpromenade mit dem Schifffahrtsmuseum hat sich mit Cafés und Restaurants herausgeputzt.

Da hören wir schon wieder einen Donner, und in die heiße Nachmittagsluft über St. Angelo steigt weißer Rauch. Zeit, ins Ortszentrum zurückzugehen. Und in der Tat – hier hat sich einiges getan! Die roten und gelben Fahnen, Wimpel und Stoffe, mit denen der ganze Ort geschmückt ist, sind Ihnen natürlich schon aufgefallen. In allen Hauptstraßen hängen sie. Aber was ist jetzt passiert?

Überall an den Straßenrändern stehen kleine Buden mit Zuckerwatte, gebrannten Mandeln und anderen Süßigkeiten. Es duftet nach Zucker und Honig. Musik spielt, laut, rhythmisch und mit sehr vielen Blechblasinstrumenten. Sogar das Gebäude der sozialistischen Labour Party hat geflaggt.

Hu jum sabiħ il 10 tal-Awwisu – es ist ein schöner Tag, der zehnte August, schallt es per Lautsprecher durch die engen Straßen, die plötzlich gar nicht mehr verschlafen wirken. Überall drängen sich Leute, reden aufgeregt durcheinander. Kinder essen Hotdogs und Süßigkeiten. Die Luft scheint auf einmal zu vibrieren, die erwartungsvolle Stimmung greift über. O ja, es ist ein schöner Tag, dieser zehnte August!

Seit jeher haben die Gemeinden eine sehr enge Beziehung zu »ihrem« Heiligen. Man engagiert sich in Pfadfindergruppen, Chören, in der *banda*, der Musikgruppe, oder anderen Vereinen »seiner« Kirche. Gibt es mehr als eine Kirche und damit mehr als einen Heiligen am Ort – was auf Malta, wo es mehr Kirchen gibt als in Rom, eher der Normalfall ist –, artet eine Festa schnell in einen veritablen Wettbewerb aus. Wer hat die schönere Dekoration, die lauteren Fans, das prachtvollere Feuerwerk? Nicht umsonst beschwört der San-Lawrenz-Song aus Birgu die *dominanza assoluta* in der ganzen Cottonera!

Eine Festa wird Wochen im Voraus vorbereitet. Jeder hat irgendetwas dafür gespendet oder irgendeine noch so kleine Aufgabe inne – sei es bei der Dekoration, beim Feuerwerk oder in der Durchführung. Das Spektakel kann mehrere Tage dauern und folgt einem genau festgelegten Plan. Krönender Abschluss und absoluter Höhepunkt ist die feierliche Prozession des Heiligen mit anschließendem Feuerwerk. Für die meisten Dörfer ist die Festa das zentrale Ereignis des Jahres. Ein Social Event, das man auf keinen Fall verpasst.

Wer im August nach Malta kommt, wird früher oder später eine Festa besuchen – freiwillig oder unfreiwillig. Irgendwo wird plötzlich die Straße voller Menschen sein, Buden verkaufen Süßigkeiten, und wo immer Platz ist (und das ist Definitionssache, glauben Sie mir!), gibt es vielleicht auch ein Karussell. Und das berühmte Feuerwerk.

Der heilige Laurentius wacht ganz besonders über alle, die mit Feuer arbeiten. Er ist ihr Schutzheiliger, und das nicht von ungefähr: Schließlich wurde er weiland im Jahre des Herrn 258 selbst auf einem Eisenrost aufs Feuer gelegt. Und vielleicht ist das der Grund, warum seine Verehrer jedes Jahr Tonnen von Feuerwerk verschießen und so stolz darauf sind. Mit San Lawrenz sind die Pyrotechniker auf der sicheren Seite. Schließlich haben sie einen Spezialisten an Bord.

Das ist auch nötig. Denn der Anblick der ganzen hier gelagerten Pyrotechnik ist nichts für schwache Nerven. Die Raketen, die auf ihren großen Auftritt warten, sehen aus, als stammten sie aus dem Arsenal des amerikanischen Verteidigungsministeriums und wären eher dafür gedacht, eine ganze Alien-Invasion abzuschießen, als bunten Funkenregen am Himmel zu erzeugen. Hier wird mit Pulver hantiert, als ob die nächste Türkenbelagerung anstünde.

2017 konnte man sich im April beim International Fireworks Festival von der Kunstfertigkeit der Malteser überzeugen – mit einem *Firemusical*-Wettbewerb und gigantischen Effekten bei der Abschlussfeier über dem Großen Hafen. Orffs *Carmina Burana* mit dem berühmten »*O Fortuna*«-Chor, begleitet von Feuerkaskaden und

Lichtblitzen im Takt der Musik, maltesische Volksmusik mit bunten Lichtkugeln, die über die dunkle Wasserfläche zu huschen scheinen wie Irrlichter, das Auf und Ab von blumenartigen Fontänen im Walzertakt. Die St. Mary's Fireworks Factory lässt auch schon mal zur Titelmusik von *Star Wars* rote und grüne Lichtblitze sausen, sodass man das Gefühl hat, der Krieg der Sterne hätte wirklich begonnen.

Und deshalb schnell zurück zum Hauptplatz! Denn es ist so weit! Von der Kirche San Lawrenz her schwebt urplötzlich eine gigantische Heiligenstatue durch die enge Straße, getragen von kräftigen Männern in Mönchskutten.

Und jetzt bricht es los: Alle Anwesenden brüllen und singen und klatschen und johlen. Fromme Lieder – die auf Malta immer ein bisschen klingen wie italienischer Belcanto – werden gesungen, und der sich allmählich verdunkelnde Himmel wird erleuchtet von Fackeln und Lichtern. Schwankend nähert sich der Heilige, schwebt sanften Blicks wie betäubt von all der Begeisterung durch die Menge. Schwitzend drängen sich die Träger hindurch und halten immer wieder an, erschöpft von der Last. Dann werden Stangen mit Silberköpfen unter die Trageleisten geschoben, damit die Träger sich kurz die Stirn abwischen und einen Schluck trinken können. Auf Kommando, mit militärischer Präzision, schultern sie dann gleichzeitig wieder die Last. Die Stützen werden weggezogen, und weiter geht die Reise des Heiligen.

Konfettikanonen schießen glitzernden Regen in die Luft. Von der Kirche regnet ebenfalls Konfetti auf den Eingang herab. Kirchenschätze glänzen, Baldachine schwanken, Kreuze aus Gold und Silber, mit Edelsteinen besetzt, werden bannergleich vor den Geistlichen hergetragen. Wer kann, hüpft und springt und versucht, die Trage zu berühren, während der Heilige vorbeizieht. Kinder werden hoch über die Köpfe der Eltern gehoben. »Viva San Lawrenz!«, brüllen die Leute. Wunderkerzen werden geschwungen. Wenn Brad Pitt jetzt mitten in der Menge stünde, würde niemand auf ihn achten. Vielleicht tut er es sogar, denn er gilt als bekennender Maltafan. Und drehen kann er heute sowieso nicht – an Festa-Tagen stellen die Filmstudios im nahen Kalkara die Arbeit weitgehend ein.

Wenn Sie es übrigens nicht schaffen, die Festa San Lawrenz zu besuchen – keine Bange. Die direkte Konkurrenz, die beinhart ist, hat ihren großen Tag kurz darauf, nämlich am 27. August: Dann wird der heilige Dominikus, dessen Kirche quasi Rücken an Rücken mit San Lawrenz steht, unter Jubelgeschrei durch die Gassen getragen! Und weil man es den Fans von San Lawrenz zeigen will, natürlich auch mit einem gewaltigen Feuerwerk.

Auch dieser Heilige hat natürlich seine Konfettikanonen, seine Banda, seinen Chor und seine Cheerleader: Mädchen auf den Schultern der Jungs, die laut johlend und in Vereins-T-Shirts sein Lob singen. Lieder wie *Kemm int sabiħ, o kbir Duminku!* (Wie bist du schön, großer Dominikus!) oder *Kemm inħobbuk, Duminku tagħna!* (Wie ich dich liebe, unser Dominikus!). Diese Lieder von Chören oder Solisten werden dank Verstärkern in der ganzen Stadt und bis hinüber nach Valletta vernehmbar sein. Religiöse Inbrunst mischt sich hier zwanglos mit dem, was die Malteser *briju* nennen und was mit Religion ansonsten eher marginal zu tun hat.

Briju ist vermutlich verwandt mit dem italienischen *brio* (Feuer, Pep, Schwung). Ein Hochgefühl wie ein

Rauschzustand, die Stimmung der Festa eben. Es steht auch allgemein für das Feiern zu Ehren der Heiligen, für das eigene Vereine zuständig sind. Ob das nun in Mqabba Mitte August oder in Qala auf Gozo Anfang Juli ist: Il-briju ist die Belohnung für die wochenlange Arbeit. Da wurden Banner geschmückt, Straßen in Prunkmeilen verwandelt. Da wurden Heiligenfiguren hergestellt, die kostbaren barocken Statuen auf Marmorsockeln täuschend ähnlich sehen. Da wurden Lieder geübt, die Muskeln der Träger trainiert, kostbare Stoffe für die Kirche ausgepackt und Fahnen gehisst. Und selbstverständlich wurde gespendet für das Feuerwerk.

Alle sind in Bewegung. Kinder tanzen auf den Schultern ihrer Eltern. Die Banda spielt sich die Seele aus dem Leib. Ohrenbetäubend, rhythmisch und immer wieder untermalt vom Donner der Böller. Schneller und schneller. Und während alle um einen herum klatschen, hüpfen und johlen, als käme gerade Beyoncé persönlich vorbei und nicht San Lawrenz, wird man plötzlich bis ins Mark erschüttert von einem gigantischen Knall. Das ist nun endlich der Beginn eines Feuerwerks, das die laue Sommernacht zu einem glitzernden, bunt funkelnden und qualmenden Tag macht und bis zum Flughafen zu hören ist (der ja auf einer Insel von rund dreißig Kilometer Länge nie weit weg ist).

Rauch schwebt in der Luft, mischt sich mit dem Geruch von Weihrauch. So mancher Malteser dachte nach Auskunft des Magazins *Il-Bizzilla* in seiner Kindheit, dass der Schwefelgeschmack zum Hotdog dazugehörte. Und wenn ich das ergänzen darf: Genau genommen schmeckte die ganze Luft nach Schwefel (und je nachdem, wo man feiert, kann das noch heute so sein), weil die Rauchschwaden meterdick durch die Gassen waberten.

Jetzt startet die erste Batterie des Feuerwerks, und ein Funkenregen schießt über die dunkle Wasserfläche des Großen Hafens. Das Wasser glänzt und wirft die Reflexe zurück. Silberne, rote und goldene Lichtblitze zerreißen die Schwärze. Immer höher schrauben sich die glitzernden Türme aus Feuer in den warmen südlichen Nachthimmel. Und wer dann immer noch nicht mitjohlt und klatscht und hüpft, dem ist nicht zu helfen.

Wenn Sie vom Hüpfen übrigens einen Hexenschuss bekommen – kein Problem, der zuständige Schutzheilige ist schließlich … genau: San Lawrenz.

Unter den Fittichen der Großen Mutter

Familie und andere Bräuche

Der *Maltese Calypso* führt diverse Eigenheiten der Inselgruppe auf, die man zu ändern gesonnen ist: *Malta, we love Malta*, lautet der Refrain, *these are the things we'd alter.* Und eines der prominentesten Dinge, die man gern ändern möchte, ist die behütete Jugend der weiblichen Bevölkerung.

Dazu heißt es:

Maltese girls are very fine:
Dark skin and eyes that shine.
(…)
I asked a girl to go out with me till late,
I picked her up about half past eight.
Her mother said: Now, have a real good time
But she'll better be back by half past nine!

Maltas Mädchen sind wirklich toll:
Dunkle Haut, die Augen glutvoll.
(…)

Wir wollten ausgehen bis spät in die Nacht,
Ich holte sie ab, es war schon nach acht.
Die Mutter sprach: Na dann, viel Spaß und viel Glück.
Doch um Punkt halb zehn ist sie zurück!

Wenn man seine Liebste gern ausführen möchte, kann es also durchaus sein, dass die Mutter sie nach einer guten Stunde wiederhaben will. Die maltesische Mutter ist ein ebenso großes soziologisches Klischee wie die italienische. Sie hat traditionell eine lange Herrschaftsgeschichte auf Malta.

Um diese zu erforschen, begeben wir uns zunächst in eine der berühmtesten Sehenswürdigkeiten. Sie liegt etwas außerhalb des Speckgürtels von Valletta in dem Örtchen Paola. Bitte ziehen Sie festes Schuhwerk an, und legen Sie die Sonnenbrille ab. Ich hatte Ihnen ja gesagt, dass sich die vielleicht wichtigste Sehenswürdigkeit unter der Erde befindet.

Heute ist das Hypogäum Monate im Voraus ausgebucht. Es ist ausgeschildert und von außen klar zu erkennen. Das war nicht immer so. Bei meinem ersten Besuch als Teenager lief ich zwei- oder dreimal daran vorbei. Damals bekam man den Eindruck, es würde sich quasi im Keller des Wohnhauses befinden, unter dem es 1899 beim Bau per Zufall gefunden worden war.

Seine Existenz wurde anfangs geheim gehalten. Wer will schon ständig fremde Leute im Keller haben? 1902, als der Fund dann endlich gemeldet wurde, war nicht abzusehen, dass man gerade auf die einzige komplett erhaltene europäische Tempelanlage der Steinzeit gestoßen war – eine Sensation. Das Hypogäum ist älter als die Pyramiden von Gizeh und natürlich längst Weltkulturerbe der UNESCO. Seit 1913 ist es für die Öffentlichkeit zugänglich, von 1992 bis 2000 wurde es renoviert und im April 2016 überraschend wieder für mehrere Monate geschlossen. Jetzt ist es kulturhauptstadtfein und hoffentlich wieder für längere Zeit zugänglich.

Ħal Saflieni, Begräbnisort, nennen es die Malteser. Die Funktion des rund fünftausend Jahre alten Höhlenlabyrinths ist bis heute nicht ganz klar: Begräbnisstätte, Tempel, Ort der Weissagung? Gefunden wurden gut siebentausend meist weibliche Skelette, die Wände zieren dieselben mit Ocker gemalten Spiralranken wie im nahen oberirdischen Tempel von Tarxien. Rund fünfhundert Quadratmeter groß, bohrt sich das Hypogäum gute elf Meter in die Tiefe, über drei Etagen mit 33 Räumen.

Ein dunkler, faszinierender Ort. Man kann sich vorstellen, wie es Sir Themistocles Zammit gegangen ist, als er hier die Ausgrabungen übernahm. Ein schier undurchdringliches Geflecht von ineinander verkeilten Nischen und nierenförmigen Kammern. Artefakte, die noch niemand katalogisiert hatte, Menschenknochen. Im flackernden Licht der Fackeln starren paarweise angeordnete konzentrische Kreise von den Wänden wie die Augen einer riesenhaften Eule. Vermutlich hat Zammit sich genauso beobachtet gefühlt wie ich, wenn ich daran vorbeigehe.

Irgendwo hier hat sie gelegen, in ihrem jahrtausendelangen Schlaf: die Tonstatuette der Schlafenden Frau, die heute im Archäologischen Museum in Valletta ausgestellt ist. Eine Frau, die, auf einen Arm gestützt, seitlich auf einem Bett liegt und schläft. Die üppigen Hüften ragen nach oben, die Brüste sind von einem Arm bedeckt. Vermutlich symbolisierte sie die Nähe des Schlafs zum Tod. Zwölf Zentimeter lang und sieben Zentimeter hoch – und einzigartig.

Sie gehört zum Typus der *Fat Ladies*, die vermutlich auf den Kult einer Muttergottheit hinweisen. Auf Malta wurden mehrere Statuetten dieses Typs gefunden: kleine, beleibte Frauenfiguren, oft mit großen Brüsten wie die Venus von Malta aus Ħaġar Qim, immer aber mit breitem, gebärfreudigem Becken. Sie erinnern an andere Steinzeitfiguren wie etwa die berühmte Venus von Willendorf: Idole, wie sie in ganz Europa bis nach Sibirien verbreitet waren. Fruchtbarkeitssymbole? Da bei manchen maltesischen *Fat Ladies* die Brüste nur angedeutet sind, vermuten einige Forscher Doppelgeschlechtlichkeit. Sie verweisen darauf, dass auch Sumoringer Brüste haben (wie man sich aber in der Steinzeit ein vergleichbares Polster anfuttern konnte, verraten sie nicht). Offenbar tut sich so manch einer noch immer schwer mit dem Gedanken, dass ausschließlich weibliche Idole verehrt worden sein könnten. Dabei ist der neolithische Kontext der Figuren eindeutig weiblich, Figuren mit explizit männlichen Geschlechtsmerkmalen fehlen auch auf Malta völlig.

Die Schlafende Frau verweist auf die enge Verbindung der Mysterien von Fruchtbarkeit/Geburt und Tod. Logischer scheint also, dass man hier eine chthonische Gottheit verehrte: die Erde als Mutter, die alles gebiert und in deren Schoß alles wieder begraben wird. Zu diesem Doppelaspekt passt, dass nicht weit vom Hypogäum der oberirdische Tempel von Tarxien steht. Und tatsächlich wurden die Toten im Hypogäum in kauernder Haltung bestattet, die man auch »Embryonalhaltung« nennt. Als ob sie darauf warteten, neu geboren zu werden. Manche Theorien betrachten gar die gesamten Grundrisse der maltesischen Tempel als Abbild eines solchen weiblichen Körpers, den man durch die Vulva betritt und unter dem dann das fruchtbare Ackerland liegt. Archäologen sprechen etwas prosaischer von der »Kleeblattarchitektur«. Auch die Kammern im Hypogäum sind nierenförmig geformt – stimmt die Theorie, wären die Toten also quasi in den Mutterleib zurückgegeben worden.

Dass auf Malta eine chthonische Göttin verehrt wurde, wird durch eine weitere Doppelanlage im wahrsten Sinne des Wortes untermauert: Auf Gozo befinden sich nämlich die eingestürzten Ruinen eines zweiten Hypogäums, vermutlich ebenfalls eine Art Nekropole, wo ein allem Anschein nach weibliches Doppelidol gefunden wurde. Möglicherweise stand es ebenfalls für die beiden chthonischen Aspekte Geburt und Tod. Der Zugang wird übrigens markiert von einem Steinkreis, dem sogenannten Brochtorff Circle, der noch etwas älter ist. Und wie auf Malta befindet sich in geringer Entfernung ein oberirdischer Tempel, die Ġgantija. Erbaut wurde sie angeblich von … erraten: einer Mutter: Die Legende berichtet, dass eine Riesin mit einem Säugling sie in einer Nacht erbaut habe. *Cherchez la mère!*

In altorientalischen Kulturen finden wir schriftliche Zeugnisse chthonischer Göttinnenpaare, etwa bei Inanna und Ereschkigal: Inanna, die Göttin der Liebe, der Fruchtbarkeit, aber auch des Kriegs, unterwirft sich Ereschkigal, der Herrin der Toten, um ihren toten Geliebten (meist interpretiert als Symbol der Vegetation, die im Winter stirbt und im Frühjahr wiederkehrt) aus der Unterwelt zurückzuholen. Dank der Entwicklung der sumerischen und darauf basierenden altbabylonischen (akkadischen) Schrift sind diese Mythen bis heute erhalten. Anders dagegen auf Malta. Das rätselhafte Volk, das diese Tempel gebaut hat, kannte offenbar keine Schrift, seine Mythen gingen verloren.

Muttergottheiten mit Bezug zu Tod und Unterwelt gab es in vielen alten Kulturen: Isis im alten Ägypten (deren Geliebter und Bruder Osiris ebenfalls stirbt und wiedergeboren wird) und Ischtar/Astarte (mit Adonis) im Vorderen Orient. Das christliche Äquivalent dieser Göttinnen ist natürlich Maria: Ihre Darstellung mit dem Jesuskind erinnert stark an Isis mit ihrem Sohn Horus. Übrigens: In Tas-Silġ, nicht weit von einer Marienkirche, finden sich Heiligtümer eines Mutterkults. Zufall oder Kultkontinuität?

Keine Angst: Für den Tod sind die maltesischen Mütter heute nicht (mehr?) zuständig. Wenn Sie jemanden im Tempel gruslige Rituale vollziehen sehen, ist es wohl keine erboste Mutter, sondern eher einer oder eine der Spiritualitätstouristen, die auf Malta fast so kurios sein können wie die steinernen Objekte ihrer Begierde. So sollen schon Besucherinnen in den Tempeln von Mnajdra übernachtet haben, in der Hoffnung, dort im Traum Erleuchtung zu finden.

Lange wurde gerätselt, warum die Megalithtempel gerade auf dem maltesischen Archipel entstanden sind. Möglicherweise wurden die Lebensbedingungen durch einen Klimawandel zunehmend schlechter, und die Bewohner versuchten, ihren Untergang mit dem Bau der Tempel abzuwenden. Oder die Inselgruppe war gar ein jungsteinzeitliches Wallfahrtsziel. Fest steht, dass auch die Tempel von Mnajdra und Ħaġar Qim nach astronomischen Grundsätzen ausgerichtet sind. Ähnlich wie in Stonehenge lässt sich anhand des Sonnenstands der Zeitpunkt des Bauernjahrs berechnen. Auch hier fällt, wie in anderen Bauwerken der Jungsteinzeit, zu bestimmten Jahreszeiten der Strahl der Sonne durch den Tempelgang in den Altarraum. Allerdings sind die maltesischen Tempel älter als Stonehenge. Tierknochen verraten, dass wohl auch geopfert wurde. Löcher werden als Orakelstellen interpretiert, doch der Jahreszyklus scheint tatsächlich eine große Rolle gespielt zu haben.

Die maltesischen Tempel sind alle einen Besuch wert, aber zweifellos die spektakulärste Lage hat das Ensemble Mnajdra und Ħaġar Qim. Hier blickt man von den honiggelben Tempeln aus Globigerinen- und Korallenkalk übers azurblaue Meer bis zu dem winzigen Eiland Fifla. Dieses ist nur Wissenschaftlern mit Sondererlaubnis zugänglich und als Vogel- und Naturschutzgebiet ausgewiesen. Gerade gegen Abend, wenn die Sonne allmählich sinkt und das Licht wärmer wird, erstrahlen die Tempel in dunklem Goldgelb.

Unter den Schwellen maltesischer Tempel wurden diverse Gaben gefunden. Waren es Geschenke, um die Geister zu besänftigen und den Weg vom profanen in den heiligen Bereich sicherer zu machen? Die Schwelle galt vermutlich schon der Megalithkultur als heiliger, unheimlicher Ort. Vielleicht fürchtete man die Geister, die am Übergang von einem Bereich in den anderen lauerten.

Auch in späteren Kulturen, der römischen und christlichen, war die Schwelle ein Ort, den man möglichst schnell überschritt, weil dort dämonische Mächte zu lauern schienen – weshalb man ihn zum Beispiel mit dem rechten Fuß voran zu überschreiten hatte. Vermutlich liegt der Furcht vor der räumlichen Schwelle dieselbe Scheu zugrunde, die in vielen Kulturen auch die »Schwellen« im Lebenszyklus begleitet: den Übergang vom Kind zum Erwachsenen, vom Leben zum Tod. Die Rituale, die hierbei durchgeführt werden, nennt man Übergangsriten. Die rätselhaften Erbauer der Tempel haben nichts

Schriftliches hinterlassen. Doch dürfte für sie die Schwelle vom profanen in den heiligen Bezirk ebenso wie vielleicht die im Lebenszyklus mit Angst und Faszination zugleich behaftet gewesen sein. Vielleicht auch wie der Übergang vom Tag zur Nacht, wenn die Sonne ins schimmernde Meer zu tauchen scheint. Jedes Mal, wenn ich über den gerundeten Kalkstein einer Tempelschwelle steige, frage ich mich, mit wie viel Angst und Ehrfurcht wohl vor Tausenden Jahren derselbe Ort betreten wurde.

Lassen wir die Mnajdra auf ihrem windumtosten Plateau zurück und gehen noch einmal nach Tarxien. In unmittelbarer Nähe des Hypogäums steht nämlich eine der jüngsten Megalithtempelanlagen, erbaut zwischen 3250 und 2500 v. u. Z. Wie bei der Ġgantija auf Gozo finden sich Hypogäum und Tempel in direkter Nachbarschaft. Es mag daher richtig sein, dass zwei Gottheiten oder auch zwei Aspekte derselben chthonischen Muttergottheit verehrt wurden. Der oberirdische Tempel ist hier jünger als das Hypogäum, könnte also sekundär oder auf den Ruinen eines älteren entstanden sein.

Auch Tarxien weist die charakteristischen nierenförmigen Seitenkammern auf, deren Grundriss manche an die schematische Darstellung einer Frau erinnert. Hier sieht man besonders deutlich, dass es der Tempel einer Bauernkultur ist: Gravuren von Ziegen, einem Stier und Schweinen weisen auf Viehzucht hin. Die Spiralmuster, die auch im benachbarten Hypogäum gefunden wurden, erinnern an Augen und scheinen besonders die Türschwellen zwischen den Räumen zu hüten. Klar ist nur eines: Auch hier hatten die Mütter das Sagen. Das ist im wahrsten Sinne des Worts unübersehbar.

Gleich am Eingang steht der untere Teil einer Frauenstatue, die ursprünglich rund drei Meter hoch gewesen sein muss: die Magna Mater. Zugegeben, der obere Teil fehlt, wir können also keine Brüste identifizieren. Dennoch ist weitgehend offensichtlich, dass es sich um eine Frau handelt: Die beleibte Matrone mit stämmigen Füßen und weitem Faltenrock oder auch Pluderhosen zeugt unübersehbar davon, wer hier dieselben anhat. Und damit sind wir wieder beim *Maltese Calypso*.

Auch wenn man es nicht immer auf den ersten Blick sieht: Die Mutter herrscht über das, was auf Malta das Wichtigste ist – die Familie. Natürlich gibt es hier streng patriarchalische Familien. Aber eben auch jene Sonderform des Patriarchats, für die vor allem Italien berühmt ist. Jene Sonderform, bei der – wie es in dem Film *My Big Fat Greek Wedding* sehr treffend ausgedrückt wird – der Mann zwar das Haupt der Familie ist, die Frau aber das Genick, welches das Haupt dreht, wohin es will. Eine solche zu werden ist gar nicht so einfach. Denn die Mutter herrscht, wie der *Calypso* weiß, über die Keuschheit der Töchter. Unter ihren Argusaugen (und denen des Priesters) konnte eine Eheschließung in früherer Zeit sehr schnell zu einer ziemlichen Geduldsprobe werden.

Nehmen wir einen jungen Mann, nennen wir ihn Pawl, der also heiraten möchte. Einst waren, wie fast überall, arrangierte Ehen üblich. Entweder die Familien machten das Geschäft direkt untereinander aus, oder man zeigte die Verfügbarkeit heiratsfähiger Kinder durch Erstellen eines prädigitalen Dating-Accounts an: Mädchen platzierten einen Topf Basilikum am Fenster, junge Männer steckten sich an Festtagen eine rote Nelke an. Pawls Eltern haben leider bisher keine passende Braut im Bekanntenkreis gefunden. Also geht er zur ortsansässigen *ħuttaba* – der Heiratsvermittlerin. Meist eine ältere Dame, in der die ganze

Macht der Magna Mater verkörpert ist. Als Erstes wird Pawl einem umfassenden Kreuzverhör unterzogen. Er macht Angaben zu seinem Alter, seiner Familie, zu finanzieller Stellung und so weiter. Hat er bei seiner prädigitalen Dating-App solchermaßen sein Profil angelegt, durchforstet die Heiratsvermittlerin ihre Datenbank – respektive ihren Bekanntenkreis – nach einer passenden Partnerin. Sie trifft einige Mütter, begutachtet einige Töchter und legt weitere persönliche Daten ab. Auf deren Basis wird sie Pawls Familie sein *perfect match* vorschlagen.

Häufig gilt: Eine Eheanbahnung ist ein Stück weit eine Überraschungsparty. Quasi Hochzeit auf den ersten Blick.

Haben die Familien zugestimmt, schickt Pawl seiner Zukünftigen einen Verlobungsring. Damit hat er das Recht erworben, die Auserwählte immerhin zu sehen: bei der Verlobungsfeier. Diese findet im kleinen Kreis statt, sodass die künftigen Eheleute Gelegenheit haben, einige Worte zu wechseln. Nun wissen wir, dass das schon problematisch genug sein kann. Ist diese Hürde ohne dramatische Szenen verlaufen, können die Familien mit den Hochzeitsvorbereitungen starten. Die Braut – nennen wir sie Marija – wird ihre Aussteuer vorbereiten. Und dann geht es ans Outfit.

Die traditionelle Hochzeitskleidung war auf dem Land bis Ende des 19. Jahrhunderts dunkel, weiße Kleider kamen erst später auf. Marijas Brautkleid wird viele Silberknöpfe und reichlich Spitze aufweisen, vermutlich selbst geklöppelt – Silberfiligran und Spitzenklöppeln sind traditionelle Handwerkszweige. Außerdem trägt sie einen Spitzenschleier. Pawl bevorzugt für sich eine Tracht, die an die napoleonische Zeit erinnert: mit Dreispitz, Kniehosen und Leibweste, ebenfalls in Schwarz.

Das Wichtigste für die Familie der Braut ist natürlich, dass niemand schlecht über die Tochter redet, wenn sie sich auf etwas so Gefährliches wie Geschlechtsverkehr einlässt. Deshalb sind vor allem zwei Dinge wichtig: zuerst einmal die große Prozession des Brautpaars und der Gäste durch das ganze Dorf. Dabei wird ein Baldachin über das Paar gehalten. Es werden Süßigkeiten verteilt und Weizenkörner oder kleine Nüsse als Symbol für Glück und Fruchtbarkeit geworfen. Und zweitens natürlich die Zeremonie in der Kirche. Danach geht die gesamte Hochzeitsgesellschaft – und sie ist vermutlich ziemlich groß – zum Haus der Braut, um zu feiern.

Wenn Pawl aber glaubt, er hätte nun alles hinter sich gebracht und dürfe sich auf die Hochzeitsnacht freuen – weit gefehlt. Pawl, fasse dich in Geduld! Eine ganze Woche, um genau zu sein. So lange leben die Brautleute nämlich noch im Haus ihrer jeweiligen Eltern. Vor allem die junge Ehefrau wird dort von ihrer Mutter noch einmal gründlich instruiert, was sie in einer Ehe erwartet. Am Ende dieser Zeit wird die Braut samt ihrer Aussteuer mit der *ħarġa*, dem Auszug, in das Haus des Bräutigams verbracht. Und das ist nun wirklich und endlich das Ende dieser Hochzeit auf den zweiten Blick. Im Unterschied zur TV-Sendung *Hochzeit auf den ersten Blick* kam damals auf Malta eine Scheidung allerdings nicht infrage.

Die mehrteilige Prozedur mit Verlobung, Heirat und Umzug der Braut vermischt orientalische und europäische Elemente. Der pompöse Umzug der Ehefrau ins Haus ihres Mannes erinnert an Heiratsbräuche, die heute noch in manchen arabischen Ländern üblich sind, so etwa die *zaffa*, mit der die Braut ins Haus des Bräutigams gebracht wird. Das maltesische Wort für Heiratsvermittlerin *(ħuttaba)* ähnelt ebenfalls dem arabischen. Gänzlich europäisch ist hingegen die kirchliche Trauung mit Prozession und Kirchgang: Durch die öffentliche Prozession und den geistlichen Segen wurde in ganz Europa sichergestellt, dass die Ehe keine »zur linken Hand« war.

Sollten Sie selbst vorhaben, nach Malta zu heiraten, atmen Sie auf! Sie brauchen heute weder Heiratsvermittlerin noch Keuschheitswoche im Elternhaus. Doch eine Eheschließung ist noch immer ein großer Event: Nicht selten sind mehrere Hundert Gäste eingeladen. Inzwischen organisieren auf Wunsch auch *wedding planners* romantische Hochzeiten am Meer, in historischen Palästen oder Gärten. Und nicht nur für Malteser. Schon zu Kolonialzeiten lautete die Standardantwort englischer Jungvermählter auf die Frage nach dem Ziel der Flitterwochen meist »Malta«. Auch heute kommen wieder Ausländer zum Heiraten. Bei vielen Einheimischen beliebt sind die *garden weddings*. Die Party findet dann in einer der Gartenanlagen statt, wo zu viel maltesischer Musik gefeiert wird. Braut und Bräutigam verteilen kleine Geschenke, meist Süßigkeiten, an die Gäste. Die *Perlini* genannten mit Zucker überzogenen Mandeln sind auch in Sizilien und Süditalien bei Hochzeiten üblich.

Ist ein Kind geboren, beginnt mit der Taufe der Ernst des Brauchtumslebens. Familie, Freunde und natürlich wie immer viele Getränke und eine Tafel, die sich biegt, dürfen hier nicht fehlen. Die erste echte Herausforderung im Leben eines maltesischen Kindes steht aber zum ersten Geburtstag an: *il-quċċija*.

Es handelt sich um eine Art Orakel. Dafür werden etwa zehn Dinge auf den Teppich oder ein Tablett gelegt – beispielsweise ein Buch, eine Schere, neuerdings auch mal ein Handy oder das Stethoskop aus dem Kinderarztkoffer und so weiter. Dann wird die Testperson – das Kind – auf den Boden gelegt. Unter den anfeuernden Zurufen sämtlicher Verwandter krabbelt es auf die Objekte zu. Ältere Geschwister, Cousins und Cousinen helfen gegebenenfalls mit Geschrei nach wie hierzulande beim Topfschlagen. Wonach es wohl zuerst greifen wird? Ohne es zu ahnen, trifft der Winzling hier nämlich eine weitreichende Entscheidung: Nimmt er den Rosenkranz, steht eine geistliche Karriere an. Die elterliche Kreditkarte oder eine Münze könnte ein erfolgreiches Geschäftsleben weissagen, ein Hammer verheißt einen kleinen Handwerker, eine CD einen DJ, das Ei allgemeinen Wohlstand. Bisweilen führt das anfeuernde Rufen zu Komplikationen – so manch irritiertes Kind beschließt, sich lieber aus dem Staub zu machen, bis die komischen Erwachsenen sich beruhigt haben, oder setzt sich gemütlich neben sein Dreirad und macht überhaupt keine Anstalten, nach irgendetwas zu greifen.

Heute legt man gewöhnlich keine geschlechtsspezifischen Utensilien mehr zur Auswahl hin. So muss kein kleines Mädchen mehr heulend am Boden sitzen, weil es sich für das Nudelholz nicht interessiert, die viel interessantere Computermaus mit dem lustigen Blinken auf Daddys Schreibtisch aber nicht haben darf. Trotzdem kann es noch heute zu Diskussionen über das Angebot kommen. Denn was, wenn ein Elternteil gern einen Geistlichen in der Familie möchte, der andere aber auf gar keinen Fall? Was, wenn der eine für die Tochter einen Stift als Symbol für eine Karriere als Anwältin favorisiert, der andere einen Kochlöffel und damit ein Hausfrauendasein? Überflüssig also zu sagen, dass die Eltern mit den zur Wahl stehenden Gegenständen bereits eine Vorauswahl getroffen haben. Was im Übrigen absolut vernünftig ist. Denn wer möchte schon, dass sich der hoffnungsvolle Nachwuchs womöglich für eine Karriere als Alkoholiker oder Knastbruder entscheidet? Orakel, das wissen die Malteser schließlich aus rund sechstausend Jahren Tempelgeschichte, können schon mal nach hinten losgehen. Moira, die griechische Schicksalsgöttin, ist eine launische Dame. Da sorgt man besser vor.

Nicht nur bei der Taufe und dem ersten Geburtstag eines Kindes hat die Mutter einen großen Tag. Auch Kommunion und Firmung werden groß gefeiert. Und so manche maltesische Mama verdrückt eine dicke Träne, wenn ihr Nachwuchs strahlend und gekleidet wie ein Engelchen aus der Kirche tritt. Dabei darf das ortseigene Orchester nicht fehlen. Generell gibt es keinen Feiertag ohne die traditionelle Musik, und jedes noch so kleine Dorf besitzt zumindest eine kleine Kapelle. Und so hat jedes Familienfest auch etwas Öffentliches.

Maltesische Familien haben traditionell ein starkes Gemeinschaftsgefühl. Gestärkt wird es nicht nur durch Hochzeiten, Taufen, erste Geburtstage und Kommunion. Ganz spontan kann es passieren, dass sich alle Generationen an einer festlichen Abendtafel wiederfinden. Und wenn diese Tafel im Prinzip auch jederzeit stattfinden kann, gibt es doch einen Jour fixe in der Woche. Und das ist der Samstag.

Samstagabend könnte man an der maltesischen Küste manchmal meinen, die Bewohner von Mittelerde würden sich gegenseitig vor einem drohenden Angriff der Orks warnen. Die Küste entlang brennen überall kleine Feuer, ein glühendes Band zieht sich um die Insel. Es sind aber nicht die Feuertürme von Gondor. Das verrät ein verführerischer Duft nach Gegrilltem! Die Düfte und der Feuerschein kommen von unzähligen Grillschalen, in denen Familien ihr Samstagabendbarbecue zubereiten.

Überall an den Stränden sitzt man auf dem Globigerinenkalkstein bei Kerzen, Wein und einem Feuerkorb zusammen. Liebespärchen genießen die romantische Atmosphäre, Kinder spielen. Wer Lust hat, schwimmt vor dem Barbecue noch ein wenig in der warmen nächtlichen See oder steckt die Füße in einen der aus dem Kalkstein gehauenen Pools. Oberhalb in den zahlreichen Strandbars tanzt der Bär, und nicht selten tanzen auch junge Leute beim Grillen spontan mit. Im Sommer findet das Leben auf Malta meist in den Abend- und Nachtstunden statt. Frauen sind hier ohne Probleme allein unterwegs und können sich weit sicherer fühlen als zur selben Uhrzeit in deutschen Städten.

Und das ganz ohne die *għonnella* oder *faldetta*, den traditionellen gestärkten Schleier, der bis in die Fünfzigerjahre noch regelmäßig zumindest zum Kirchgang getragen wurde. Er erinnert an den Schleier süditalienischer Nonnen und ist auf alten Fotos noch zu sehen: Unterhalb des mit Walknochen verstärkten zeltartigen Kopfteils fiel er locker über den Körper und wurde mit der rechten Hand festgehalten. Meist war er schwarz, seltener weiß, blau oder grün. Gefertigt wurde das Kleidungsstück, ohne das damals keine maltesische Frau das Haus verließ, je nach Einkommensklasse aus Wolle, Seide oder Baumwolle. Theorien zur Herkunft reichen von Sizilien über die spanische Mantilla bis hin zur arabischen Besatzungszeit. Sprachlich verweist das Kleidungsstück allerdings eindeutig auf Italien, abgeleitet vom italienischen *gonna* (Rock), also »Röckchen«, beziehungsweise vom italienischen *falda* (Rockschoß).

Als die Johanniter im 16. Jahrhundert ankamen, war die Għonnella möglicherweise bereits üblich. Ihre Form erinnert tatsächlich an Sizilien, andere Theorien munkeln jedoch auch, die Tracht sei in den wenigen Jahren der napoleonischen Besatzung aufgekommen – als Schutz vor allzu aufdringlichen französischen Soldaten. Die vom Italienischen abgeleitete Bezeichnung verweist indes auf die ältesten Formen der Għonnella als nach oben geklappter Überrock! Stets wird sie mit Keuschheit in Verbindung gebracht, was ebenfalls für eine traditionelle, in vielen patriarchalischen Gesellschaften übliche Form der Verschleierung spricht.

Nach dem Zweiten Weltkrieg verlor die Għonnella rasend schnell an Bedeutung, in den Siebzigerjahren wurde sie nur noch von wenigen alten Frauen getragen. Heute ist der Schleier von den Straßen verschwunden, angeblich auch deshalb, weil er in den Bussen zu viel Platz wegnahm. Originell ist auch die Argumentation, dass es auf den maltesischen Inseln bekanntermaßen sehr windig sei und die Għonnella bei rauer See sehr schnell zu einem veritablen Segel werden könne! So manche Dame soll sich nur mit äußerstem Kraftaufwand vor einem jähen Ende als Luftschiff, das übers Meer getragen wird, gerettet haben.

Vermutlich ist die Wahrheit aber viel einfacher, wenn auch nicht ganz so unterhaltsam: Nach dem Zweiten Weltkrieg änderte sich weltweit die Stellung der Frau. Mehr und mehr eroberte sie sich ihren Platz in der Gesellschaft und war nicht mehr gewillt, sich auf die Rolle als Hausfrau, Mutter und Hüterin der Familienehre zu beschränken. Keuschheit und Jungfräulichkeit – Inbegriffe patriarchalischer Kontrolle über die weibliche Sexualität und Reproduktion – und deren äußerliche Kennzeichen verloren auch in Südeuropa an Bedeutung. Die gesellschaftliche Veränderung, die mit der Befreiung der Frauen einherging, dürfte der unpraktischen Għonnella ebenso den Garaus gemacht haben wie anderen Formen der Verschleierung weltweit auch: sei es in Spanien, Italien oder der islamischen Welt, wo etwa in Ägypten die ersten Frauen sogar noch früher demonstrativ ihre Schleier abwarfen. Und da im christlichen Malta, anders als in der islamischen Welt, der radikale Islamismus mit seinen Petrodollars und seinen Missionaren keine Rückkehr der Verschleierung bewirken konnte, sieht man sie heute nur noch als Dress bei Kinderpuppen. Und das ist auch gut so.

In früherer Zeit hatten maltesische Frauen – wie überall in Europa – weniger Rechte als Männer. Ihre Stellung ist heute das Bein, auf dem die ansonsten mustergültige Modernisierung Maltas noch immer hinkt: Es herrscht die typische Doppelmoral traditioneller Gesellschaften. Einerseits wird Sex selbst in der Schule meist mit Schweigen übergangen. Andererseits ist laut dem maltesischen Blog livinginmalta.com »Sex« der auf Malta am häufigsten gesuchte Begriff im Internet. Prostitution ist legal, aber unsichtbar und verbirgt sich hinter so manchem Massagesalon. Im Vergnügungsviertel Paceville, wo die Familie nicht hinsieht und viele Ausländer verkehren, tut man all das, worüber man sonst nicht spricht. Oft, ohne genug über Verhütung und Vorbeugung gegen Geschlechtskrankheiten zu wissen. Und damit sind wir erneut bei den Frauen.

Noch immer arbeiten maltesische Frauen seltener als Männer (nur rund 35 Prozent) und verdienen weniger, obwohl sie an den Universitäten erfolgreicher sind. Was ihre politische Repräsentation betrifft, bildet Malta das Schlusslicht in Europa (zehn Prozent). Archaische Gesetze wie jenes, dass ein Entführer straffrei bleibt, wenn das Opfer ihn heiratet, wurden erst in neuester Zeit nach und nach überdacht. Und ähnlich wie andere patriarchalische Gesellschaften schwebt auch die maltesische immer zwischen der Verehrung für die Mutter und der Kontrolle der weiblichen Sexualität, die sich in dem noch immer rigidesten Abtreibungsgesetz Europas äußert.

Abtreibung ist auf Malta als einzigem europäischen Land in jedem Fall strengstens untersagt und wird mit bis zu drei Jahren Gefängnis bestraft – auch dann, wenn die Schwangerschaft durch eine Vergewaltigung zustande kam oder die Gesundheit und das Leben der Mutter bedroht. Hintergrund sind die religiösen Tabus der katholischen Kirche, die in Malta noch immer sehr einflussreich ist. Ein (weibliches) Menschenleben zählt offenbar noch immer weniger als die Sorge, »fremde« (im Klartext: moderne) Werte könnten die eigene traditionelle (katholische) Lebensweise zerstören. Selbst wenn das Kind überhaupt nicht lebensfähig ist und die Mutter es nur austrägt, um es gleich nach der Geburt sterben zu sehen, ist Abtreibung verboten. Schwangere Teenies, kranke oder vergewaltigte Frauen müssen weiterhin zur Abtreibung nach England fliegen und massive gesundheitliche Risiken eingehen. Maltesische Ärzte, die ihnen helfen würden, müssten mit dem Verlust ihrer Zulassung und ebenfalls mehreren Jahren Gefängnis rechnen.

Immerhin gibt es gute Nachrichten zur »Pille danach«: Seit 2016 ist sie endlich zugelassen, nicht zuletzt aufgrund des Drucks, den Frauenrechtlerinnen wie Francesca Fenech Conti aufgebaut hatten. Anfangs konnte man fast nur in der Facebook-Gruppe »Women for Women Malta« offen über das Thema sprechen. Bis dahin griffen die meisten Frauen auf eine Überdosis normaler Verhütungspillen zurück, während in anderen europäischen Ländern die »Pille danach« längst frei verkäuflich war.

Und die Feministinnen geben nicht auf: »Es wird Veränderungen geben«, sagte Francesca Fenech Conti der BBC. »Vor eineinhalb Jahren konnte ich über diese Dinge nicht einmal mit meiner eigenen Schwester oder Cousine sprechen, heute reden wir ständig darüber. (…) Es wird passieren.«

»Es«, das ist die Legalisierung der Abtreibung. Im September 2017 forderte das National Youth Parliament endlich eine offene Debatte. Besonders in der Kritik: der grafische Film *The Silent Scream (Der stumme Schrei)* aus dem Jahr 1984, ein Antiabtreibungsfilm, der mit brutalen Bildern, Fehlinformationen und Manipulation arbeitet und vierzehnjährigen Kindern gewöhnlich in religiösen Schulen gezeigt wird. »›Fake News‹ würden wir das heute nennen«, kommentierte der *Malta Independent* und stellte sich auf die Seite der jungen Leute. Da sich das Thema nun nicht mehr unter den Tisch kehren lässt, ist die Debatte aufgeheizt. »Babymörder« und schlimmere Beleidigungen und Drohungen liegen in der Luft.

Diese Rückständigkeit ist umso verwunderlicher in einem Land, in dem Homosexuelle Kinder adoptieren und Menschen ihr Geschlecht frei wählen dürfen. Ihre Schwangerschaft dürfen sie nach wie vor nicht frei wählen – selbst dann nicht, wenn ihr eigenes Leben dadurch bedroht ist.

Der CEDAW-Ausschuss der UN zur Beseitigung der Diskriminierung von Frauen hat das Abtreibungsrecht Maltas bereits 2010 kritisiert – ebenso wie die Häufigkeit der Gewalt gegen Frauen. Gegen einigen Widerstand wurde 2003 endlich sexuelle Belästigung als Straftat anerkannt.

Derzeit wird eine generelle Verschärfung des Sexualstrafrechts diskutiert. Vorgesehen sind dabei eine Verdoppelung des Strafmaßes bei Vergewaltigung (von derzeit drei bis sechs Jahren auf sechs bis zwölf) und eine verschärfte Definition des Begriffs »Vergewaltigung«, die bisher vage als »fleischliches Erkennen, erreicht durch Gewalt«, definiert wird. In Zukunft soll jede Art unerwünschten Eindringens in den Körper als Vergewaltigung gelten – ein wichtiger Schritt.

So untadelig sich die meisten Malteser meiner Erfahrung nach gegenüber fremden Frauen verhalten, Gewalt in der Ehe scheint noch immer ein Problem zu sein. Bekanntermaßen hängt Gewalt gegen Frauen mit Geschlechterstereotypen zusammen und ist besonders in Gesellschaften verbreitet, in denen die Geschlechter nicht gleichberechtigt sind. Und wie so oft sind es die Vertreter der institutionalisierten Religion, in diesem Fall des Katholizismus, die besonders verbissen gegen die Gleichberechtigung kämpfen und den untergeordneten Status der Frauen zementieren wollen.

Sind die Zeiten der Großen Mutter von Tarxien also vorbei? Keine Sorge, das nun auch wieder nicht. Die Malteser sind schließlich ausgesprochen traditionsbewusste Leute. Und keine Tradition ist so alt wie die der Magna Mater.

Auf die Mutter lässt man nichts kommen. Selbst in der maltesischen Nationalhymne von Dun Karm Psaila ist ihre Bedeutung verewigt:

Lil din l-art ħelwa, l-omm li tatna isimha,
ħares, Mulej, kif dejjem Int ħarist!
Ftakar li-lilha bil-oħla dawl libbist!

Dieses schöne Land, die Mutter, die uns den
Namen gab,

beschütze, Herr, so, wie du sie immer beschützt hast,
gedenke ihrer, die du in das süßeste Licht gekleidet
hast!

L-omm, die Mutter, ist ein semitisches Wort, entsprechend dem gleichbedeutenden arabischen Wort *al-umm*. Selbst der dichtende katholische Priester kam also nicht um die Mutter herum. Bisweilen wird die Mutter sogar im Namen Malta selbst verankert, der ja mit der Silbe *Ma* beginnt, im Englischen bekanntlich die Anrede der Mutter! Dun Karm schrieb sein erstes Gedicht auf Malti, *Quddiem Xbieħa tal-Madonna*, genau: über die Madonna.

Ob nun semitische, italienische oder englische Wortwurzel: Die Mutter und Malta, dazwischen passt kein Blatt. Bis heute nicht.

Unterm achtspitzigen Kreuz

Der Malteserorden und die Kirche

Ja, der Katholizismus prägt Malta. Der liebste Dichter und Verfasser der Nationalhymne, Dun Karm Psaila (Don Carmelo Zwiebelchen), war ein Priester. Auch die ersten archäologischen Untersuchungen zu den Steinzeitbauten stammen von Priestern.

Von allzu viel Unterwürfigkeit hält man allerdings nichts. Das bekam sogar der Malteser Ritterorden, der die Insel jahrhundertelang beherrschte, zu spüren. Und das, obwohl er Malta sogar sein Wahrzeichen verliehen hat: das achtspitzige Kreuz.

Auf Malta ist es natürlich omnipräsent: auf dem Logo der Air Malta, auf der Euromünze, auf so ziemlich allem, was das Wort »Malta« im Namen führt, und natürlich auf den Bauten der Malteserritter. Ursprünglich war es übrigens nicht weiß auf rotem, sondern auf schwarzem Grund.

Der Johanniter-, später auch Malteserorden geht auf das Mitte des 11. Jahrhunderts vermutlich von Kaufleuten aus Amalfi gegründete Pilgerhospital St. Johannes in

Jerusalem zurück. Auf der Website des Ordens wird das Jahr 1048 als Ursprung genannt: das Jahr, in dem der Fatimidenkalif al-Ẓāhir (die Fatimiden waren eine schiitische Dynastie, die zwischen 972/73 und 1171 von Ägypten aus regierte und zu diesem Zeitpunkt Jerusalem beherrschte) die Genehmigung für Hospital und Konvent erteilte. Bis 1099 hatte das Hospital, jetzt unter dem Normannen Frà Gerhard Sasso (circa 1040–1120), bereits eine Ordensstruktur entwickelt. Als eigentliches Gründungsdokument wird die 1113 erlassene Bulle *Pie postulatio voluntatis* von Papst Paschalis II. angesehen, in welcher die Bruderschaft unter Gerhard offiziell anerkannt wird und diverse Privilegien zugesichert bekommt.

Während der Templerorden, in etwa zeitgleich entstanden, sich von Anfang an kriegerisch betätigte, waren die Johanniter zunächst nur Krankenpfleger. Sie waren ein Laienorden und lebten nach der Ordensregel der Augustiner. Auf ihrer schwarzen Mönchskutte trugen sie anfangs ein einfaches Balkenkreuz. Dies verweist auf die Kreuzzügler, die ebenfalls Kreuze auf ihre Kleidung nähten – eine ansonsten in Orden unübliche Praxis. Das achtspitzige Kreuz findet sich allerdings schon auf frühen Siegeln des Ordens. Möglicherweise verweist es auf die Seerepublik Amalfi, wo es auf Münzen im 11. Jahrhundert bereits belegt ist. Noch heute steht es auf der Bugflagge der italienischen Marine für Amalfi – neben den Symbolen der drei anderen Seerepubliken Venedig, Genua und Pisa.

Unter dem Einfluss der christlichen Reformbewegungen, vor allem von Bernhard von Clairvaux, und vermutlich auch des Templerordens entwickelte sich im 12. Jahrhundert dann schnell der militärische Aspekt. Bis heute ist er in der Verfassung verankert – auch wenn die rund sechzig größtenteils betagten Herren, die heute noch als Professritter firmieren, kaum für Actioneinlagen geeignet sein dürften. Ab dem 13. Jahrhundert soll der schwarze Mantel mit achtspitzigem Kreuz in Gebrauch gewesen sein. Für Kriegszeiten trug man etwa ab der Mitte des Jahrhunderts Rot mit weißem Balkenkreuz. Durchgehend belegt ist das Malteserkreuz aber erst seit dem 16. Jahrhundert auf Malta.

Doch bereits die erste kurze Ordensverfassung von Raymond du Puy (1083–1158/60, Großmeister von 1120–1158/60) legt in ihrem neunzehnten und letzten Artikel fest, dass die Ritter »das Kreuz auf ihren Chorröcken und Mänteln tragen (...), damit Gott durch dieses Zeichen den Glauben, das Werk und den Gehorsam in uns stärke und uns und alle christlichen Wohltäter an Seele und Leib vor der Macht des Teufels in dieser und der anderen Welt verteidige«.

Das Ordenskapitel von Rhodos verkündete dann 1489: »So sollen die Ritter vom Hospital (...) auf ihrem Gewande das Kreuz mit acht Spitzen tragen, damit sie eingedenk sind im Herzen, das Kreuz Christi zu tragen, geschmückt mit acht Tugenden, die sie begleiten«, wie das Geistliche Zentrum der Malteser zu berichten weiß.

Schon damals gab es offenbar eine Deutung der acht Kreuzspitzen als Symbol für acht Tugenden. Andere Deutungen beziehen sich auf acht Seligpreisungen aus der Bergpredigt (Matthäus 5,3–12) oder auf acht Übel, welche der Orden bekämpfen solle: darunter übrigens auch Unglauben. Eine weitere bezieht sich auf die acht Zungen des Ordens (also die Sprachzugehörigkeit der Mitglieder). Als Ordenskreuze auf der Kleidung nicht mehr der Mode entsprachen, kam auch die Halsdekoration mit dem achtspitzigen Kreuz auf, vergleichbar dem Verdienstordenszeichen. In ähnlicher Form (mit Doppeladler zwischen den Kreuzarmen und Krone) ist es bis heute gebräuchlich. Die feierliche Ordenstracht besteht je nach Stand und Anlass entweder aus der schwarzen Kukulle mit Malteserkreuz auf der Brust oder einer roten Uniform mit Halsdekoration.

Die ursprüngliche karitativ-medizinische Ausrichtung des Ordens ist trotz manch kriegerischer Zeiten nie ganz aus dem Blick geraten. Schon in Jerusalem war das Hospital wegweisend und medizinisch bedeutend, einerseits wegen seiner Größe, aber auch deshalb, weil man – ungeachtet ihres Glaubens – die besten verfügbaren Ärzte einsetzte. Wenn man bedenkt, dass sich ein arabischer Ritter zur Zeit Saladins (12. Jahrhundert) über die medizinische Rückständigkeit der »Franken« (also der Kreuzfahrer) amüsierte, die, von Ausnahmen abgesehen, mehr Kranke umbrächten als heilten, ist das aussagekräftig. Gegen diese Konkurrenz behaupteten sich die Ärzte der Johanniter natürlich spielend, umso mehr, als sie auch andersgläubige Mediziner beschäftigten. Wie auch die Templer waren sie bei der Auswahl ihrer Kampfgefährten ebenso wenig religiös verklemmt wie bei der ihrer Ärzte. So konnte es durchaus vorkommen, dass sich die Johanniter mit muslimischen Gruppen gegen die Konkurrenz verbündeten – um dann wieder in schöner Eintracht »Glaubenskrieg« gegen sie zu führen.

Ein eigenes Hospital war für einen derart kriegerischen Orden natürlich kein Schaden. Wer ständig mit Schwert und später mit Kanonen unterwegs war, griff gern auf hauseigene Chirurgen zurück, die Kriegsverletzungen umgehend und effektiv behandeln konnten. Und so war das Hospital der Johanniter von Anfang an wegweisend. Und legte ganz nebenbei den Grundstein für die heutige University of Malta.

Das weiße Friedenskreuz des Ordens auf rotem Grund, dem blutigen Schlachtfeld des Krieges, wie man poetisch sagte, findet sich heute noch auf dem Logo des Malteser Hilfsdienstes, der mit dem Orden assoziiert ist, bei der Johanniter-Unfall-Hilfe und natürlich im Ordenslogo selbst. Auch in den diversen auf den Orden zurückgehenden Gemeinschaften ist es zu sehen. Bisweilen liest man, die Johanniter seien ein evangelischer, die Malteser ein katholischer Orden. Das ist falsch.

Zwar ist der Malteser Hilfsdienst katholisch und die Johanniter-Unfall-Hilfe evangelisch, doch Johanniter und Malteser bezeichnen denselben Orden. Der offizielle Titel lautet »Souveräner Ritter- und Hospitalorden vom heiligen Johannes von Jerusalem, von Rhodos und von Malta«. Heute gibt es zusätzlich zu diesem katholischen Orden noch vier weitere Johanniterorden in Deutschland, Schweden, den Niederlanden und Großbritannien. Sie entstanden aus Niederlassungen des Ordens, die, als das entsprechende Gebiet protestantisch beziehungsweise anglikanisch wurde, ebenfalls konvertierten. Entsprechend entstand parallel zum katholischen Malteser Hilfsdienst die evangelische Johanniter-Unfall-Hilfe. In der heutigen Form gehen die neueren Johanniterorden auf das 19. und frühe 20. Jahrhundert zurück.

Obwohl die Herrschaft des Malteserordens 1798 endete und nach einem französischen Intermezzo gut 150 Jahre die Briten regierten – Malta ist weiterhin fast ausschließlich katholisch. Noch immer ist die Dorfkirche der Mittelpunkt des gesellschaftlichen Lebens. Mit ein paar Ausnahmen – wie etwa die Basilika Ta' Pinu auf Gozo – stammen die Kirchen aus der Goldenen Zeit Maltas, dem Barock unter den Johannitern. Und bis vor wenigen

Jahrzehnten noch waren die maltesischen Intellektuellen auffallend häufig Priester.

Inbegriff dessen: die Hauptstadt Valletta. Gegründet wurde sie vom siegreichen Großmeister Jean Parisot de La Valette (mit einem l!), nach dem sie auch benannt ist. Eine Stadt vom Reißbrett, mit Befestigungen ähnlich der Kreuzritterburg Krak des Chevaliers in Syrien, gelegen auf einer Landzunge, die sich mitten in ein riesiges natürliches Hafenbecken reckt und dieses in zwei Hälften teilt: den Marsamxett-Hafen im Nordosten, an dessen Ufern das moderne und pulsierende Sliema liegt, und den Grand Harbour im Südwesten, wo die drei Städte Birgu, Senglea und Cospicua liegen.

Als Folge des osmanischen Angriffs wurde Valletta vom päpstlichen Baumeister Francesco Laparelli und seinem maltesischen Assistenten Ġirolamo Cassar für den Fall einer weiteren Belagerung konzipiert (die allerdings nie kam): mit geraden Straßen, durch die der Wind wehen kann, und einer Zisterne pro Haus. Deshalb sieht man, wenn man durch Valletta läuft, immer wieder das Meer, das die Stadt auf drei Seiten umschließt. Die Gassen ermöglichen rechtwinklige Blickachsen im Häusermeer. Der strenge Grundriss wird gemildert vom Auf und Ab des Bodens, der zum Fort St. Elmo an der Spitze hin abfällt, an manchen Stellen aber auch unvermittelt ansteigt. Die Gehsteige bestehen zum Teil fast nur aus Treppchen – eine verwirrende Hügellandschaft aus bunt gestrichenen Erkerbalkonen und gelbem Stein, durch die der Seewind weht und die aufgeheizte Luft kühlt. Winzige, nur aus einem Raum bestehende Bars, Bäckereien oder Läden verstecken sich mittags, wenn die Sonne in jeden Winkel kriecht, hinter Rollläden. Auch die fahrbaren Obst- und Gemüsestände mit ihren Düften verschwinden, und selbst in den größeren Cafés und Restaurants fliehen die Gäste ins klimatisierte Innere.

Mittelpunkt und Schnittstelle zwischen sakraler und profaner Architektur ist die Kathedrale. Geweiht wurde sie – wie auch anders? – Johannes dem Täufer. Seit Anfang des 19. Jahrhunderts teilt sie sich das Privileg der Bischofskirche mit der Kathedrale von Mdina, darf sich aber, da diese älter ist, nur »Co-Cathedral« nennen. Und während Letztere in ihrer heutigen Form vom maltesischen Architekten Lorenzo Gafà aus dem Barock stammt, ist St. John's in Valletta in der ursprünglichen Form aus dem 16. Jahrhundert erhalten. Erbaut wurde sie vom Militärarchitekten Ġirolamo Cassar. Typisch für den Orden, dass das Sakralgebäude von demselben Mann errichtet wurde, der auch für die Befestigungen der Stadt zuständig war.

Wie viele Kirchen auf Malta haben beide Doppeltürme, eigentlich ein bischöfliches Privileg. Doch während St. John's noch von dem lang gezogenen Hauptschiff mit einem Renaissancetonnengewölbe dominiert wird – in den Seitenschiffen sind die Kapellen für die Zungen des Ordens untergebracht –, besitzt die Schwesterkirche in Mdina bereits die typische Vierungskuppel hinter den Doppeltürmen an der Fassade. Gebaut aus dem, was die Insel hergab, zeigen alle Kirchen auf Malta das charakteristische Honiggelb des Kalk- und Globigerinensteins. Während der Barockstil der Kathedrale von Mdina und der maltesischen Dorfkirchen trotz des rauen Kalksteins eher verspielt wirkt, beschwört die strenge Außenansicht von St. John's eine militärische Ordenszucht, die im 16. Jahrhundert bereits gewaltig zu bröckeln begann (wenn sie denn je funktioniert hatte). Auch im Inneren, unter dem schweren Tonnengewölbe, wirkt die

Kirche ernst und gebieterisch. Dazu trägt vielleicht auch bei, dass die kunstvollen Bodenplatten Grabplatten sind. Gräber dominieren ebenso die Seitenkapellen der einzelnen Zungen – jeder Ritter, der etwas auf sich hielt, und natürlich vor allem jeder Großmeister ließ sich in St. John's bestatten.

Betritt man die Kathedrale vom Great Siege Square aus, läuft man über eine Bodenplatte, auf der steht: »So, wie du jetzt über mich hinweggehst, wird man einst auch über dich hinweggehen. Denk daran und bete für mich.« Der kluge Kopf, der hier bestattet wurde, hat sich mit dem Eingangsbereich natürlich gewissermaßen die Poleposition für Gebete gesichert. Ganz unten in der Krypta, die mittlerweile nicht mehr für die Öffentlichkeit zugänglich ist, liegt der Stadtgründer Jean de La Valette begraben.

Bei seinem Tod 1568 war die Kathedrale allerdings noch gar nicht fertig. Seine erste Ruhestätte war Our Lady of Victory, gleich bei der Auberge de Castille, heute Wohnsitz des Premierministers: die erste Kirche Vallettas. Ein paar Schritte weiter liegt die Ruine des Opernhauses, das im Zweiten Weltkrieg zerbombt wurde. Jahrelang stand sie nutzlos als Open-Air-Mahnmal da. Jetzt, endlich, ist hier wieder Leben eingekehrt: In die Ruine wurde ein Freilichttheater gebaut – man will die Vergangenheit nicht vergessen, aber darauf aufbauen für die Zukunft.

Ein paar Schritte weiter befindet sich die aktuelle Niederlassung des Malteserordens, direkt neben der Kirche Our Lady of Victory. Gegenüber steht das Denkmal von Jean Parisot de La Valette, der, einen zusammengerollten Stadtplan in der Hand, seinen gestrengen Blick auf das Treiben der Straße wirft – nachempfunden den Fresken von Matteo Perez d'Aleccio, der ihn im Großmeisterpalast verewigt hat.

Im Inneren von Our Lady of Victory thront hoch über dem Altar eine Kopie der Ikone der Madonna von Philermos, eines der wichtigsten Heiligtümer des Ordens. Vor diesem Bild soll Jean de La Valette täglich mehrere Stunden im Gebet verbracht haben. Kompensation eines Lebens, in dem der Krieg den Alltag bestimmt und für weibliche Wesen sonst kein Platz ist? Vielleicht könnte die Madonna von Philermos uns einiges erzählen, was er sagte, wenn niemand zuhörte. Aber die Madonna blickt stumm von oben herab und verrät nichts.

Heute herrscht hier nicht mehr die gestrenge Zucht des Großmeisters. Dennoch, Kirchenbesucher auf Malta und Gozo sollten nicht allzu freizügig auftreten. Je nachdem, wo man sich befindet, kann man schon mal wegen einer Shorts aus der Kirche verwiesen oder zumindest mit grauen sackähnlichen Umhängen zwangsbekleidet werden. Doch vor allem im Sommer hat man inzwischen viel Verständnis für schwitzende Touristen. Und niemand würde eine Frau hinausschicken, nur weil man erkennen kann, dass es sich um eine handelt. Das Gefühl für Sittsamkeit wird unter Umständen aber flexibel angepasst: Bei meinem ersten Besuch erlebte ich in der klassizistischen Rotunde von Mosta die ganze Strenge katholischer Sittsamkeit. Alles in Shorts, ob männlich oder weiblich, musste im Eingang stehen bleiben.

Die Kirche wird von vielen Touristen besucht, einerseits weil sie die viertgrößte Kuppel der Welt besitzt – die ganze Stadt hat für den Bau zusammengelegt –, aber auch wegen der deutschen Bombe aus dem Zweiten Weltkrieg, die damals durch die Kuppel in den voll besetzten Kirchenraum fiel, jedoch nicht detonierte. Weswegen sie heute wie eine Reliquie behandelt wird, ganz sicher aber wie das veritable Zeugnis eines Wunders.

In San Duminku (Dominikus) in Birgu hingegen, wo ich mangels züchtiger Kleidung dezent im Eingangsbereich verweilte, wurde ich freundlich in die festlich geschmückte Kirche geleitet.

Malta nennt sich stolz eines der ersten christlichen Länder. Seit dem Schiffbruch des Apostels Paulus (Apostelgeschichte 27,27–28,10), der – was Wunder? – auch der Patron der Kathedrale von Mdina ist, gilt die Insel als christlich. (Ein paar wenig kooperative Wissenschaftler behaupten zum Leidwesen der Malteser noch immer, dass Paulus an der Adriaküste gestrandet sei, aber damit kommen sie hier natürlich nicht durch.) Zum Dank für die wunderbare Rettung auf der Insel soll der heilige Paulus übrigens Malta gesegnet haben. Und Sie profitieren davon, denn der Segen ist der Grund dafür, dass es auf Malta keine Giftschlangen gibt. Wissen die Malteser.

Falls man als Ordensritter doch von etwas gebissen wurde oder, weit wahrscheinlicher, wegen Fieber oder einer Stichverletzung behandelt werden musste, konnte man im 17. Jahrhundert auf Malta den Umständen entsprechend zuversichtlich sein. In Valletta lag eines der berühmtesten und größten Krankenhäuser Europas. Beinahe ebenso berühmt wie das Hospital waren übrigens die zahlreichen Bordelle der Insel, die im selben Jahrhundert aus dem Boden schossen wie die Pilze nach dem Regen. Wichtigste Kunden waren offenbar die Malteserherren selbst. Die Ordensregel schrieb ihnen zwar vor, dass sie außer mit Schwester, Mutter oder Tante nie mit einem Frauenzimmer allein sein durften. Der Bruch der strikten Keuschheitsregel konnte streng bestraft werden. Aber Papier war schon immer geduldig, und der Geist ist willig, das Fleisch aber schwach. Reisende beschreiben herzzerreißende Szenen, wenn eine Ordensgaleere auslief und Dutzende weinender und winkender Huren am Ufer standen und ihre Kunden, teils wohl auch festen Liebhaber und nicht selten die Väter ihrer Kinder wieder einmal für eine Fahrt verabschiedeten.

Der Sittenverfall soll bereits im 16. Jahrhundert direkt nach der Belagerung durch die Türken und dem Tod des sittenstrengen Großmeisters La Valette eingesetzt haben. In der Hoffnung, die Stimme der Natur in den unteren Körperregionen einzudämmen und den Haufen Weiberhelden wieder in grimmige Glaubenskrieger zu verwandeln, hatte man schleunigst einen vom Bischof unabhängigen Inquisitor auf Malta eingesetzt. Der erste residierte seit 1574 in dem erwähnten Palast in Birgu. Dieser Job dürfte wohl der denkbar unbeliebteste in der Kirchengeschichte gewesen sein – es sei denn, man liebte das beschauliche Landleben. Angesichts mehrerer Hundert bis an die Zähne bewaffneter Ordensherren, die nichts zu tun hatten, außer auf Kaperfahrt zu gehen, sich zu duellieren und ansonsten nach Kräften ihr Keuschheitsgelübde zu brechen, konnte so manch frommer Glaubenseifer im Interesse der eigenen Gesundheit erlahmen. Von rund 62 000 Fällen, welche die Inquisition auf Malta bearbeitete, sollen jedenfalls nur zwei Prozent mit einem Todesurteil geendet haben.

Inquisitor Dorini (1760–66) ließ sich mit einem gewissen Sinn für Selbstironie eine strenge Sommerresidenz fernab der Freuden Vallettas hoch oben auf einem bewaldeten Hügel bauen. Vielleicht auch, um ein Auge auf die Buskett Gardens zu haben. Diese Anlage besteht heute aus Orangenwäldchen und parkähnlichen Gärten. Angelegt als Jagdgebiet noch unter Jean de La Valette, war der

Hain ein Ort, an dem man sich auf der Jagd nach Vierbeinern und gewiss auch der einen oder anderen Schürze vergnügte. Oberhalb der Buskett Gardens thront der Verdala Palace des Großmeisters Verdalle, dessen barocker Prunk in exponierter Lage sich wie Hohn ausnimmt. Quasi unter den strafenden Augen des Inquisitors ging man ungezwungen seinem Vergnügen nach. Heute dient er dem Staatspräsidenten als Sommerresidenz.

Seit 1798 ist der Johanniterorden lediglich Gast auf Malta. Es war Napoleon, der die Ära beendete, und immer noch ist man im Orden ein wenig peinlich berührt darüber, dass der einzige deutsche Großmeister Ferdinand von Hompesch die Insel kampflos übergab. Auch wenn ihm de facto kaum etwas anderes übrig blieb. Gegen die bis an die Zähne bewaffnete französische Übermacht hätte er mit einem Häuflein eher wenig zur Schlacht motivierter Ritter, von denen überdies weit mehr als die Hälfte Franzosen waren, keine Chance gehabt.

Heute hat der Orden wieder eine Botschaft in Valletta, seit 1966 bestehen diplomatische Beziehungen. 1998 schloss man einen Vertrag ab, der dem Orden für 99 Jahre das Nutzungsrecht für den oberen Teil des Fort St. Angelo zusagt. Auch auf Rhodos ist der Orden seit 1976 wieder vertreten. Übrigens handelt es sich bei diesen Niederlassungen nicht um irgendein kleines Ordenshäuschen, sondern um eine offizielle diplomatische Vertretung. Denn der Orden hat einen völkerrechtlichen Status: Genau genommen handelt es sich um ein nichtstaatliches souveränes Völkerrechtssubjekt.

Sein »Staatsgebiet« hat der Orden inzwischen mitten in Rom: im Palazzo di Malta in der Via Condotti 68 und in der Villa Malta auf dem Aventin, mit Blick auf den Vatikan. Letztere beherbergt die Botschaft des Ordens beim Vatikan und in Italien. Da der Orden äußerst konservativ ist, der Vatikan sich hingegen derzeit um einen etwas moderneren Kurs bemüht, hat der zuständige Botschafter nicht immer einen leichten Job.

In jüngster Zeit gerieten die Malteser wegen Intrigen, Korruption und Vetternwirtschaft im Vatikan in die Schlagzeilen. Ausgerechnet dem so konservativen Orden wurde vorgeworfen, im Rahmen von Hilfsaktionen auch Verhütungsmittel verteilt zu haben. Ein Skandal, fand der Großmeister und setzte den in seinen Augen Verantwortlichen ab. Das wurde zum Zankapfel zwischen Villa Malta und Vatikan und beschwor eine veritable diplomatische Krise herauf, gewissermaßen eine Kondomkrise. Im Zentrum: Ritter von Boeselager, dem vorgeworfen wurde, für die sündhaften Latexprodukte verantwortlich zu sein (was er natürlich bestritt). Es begann ein Tauziehen um Macht und Moral, der Vatikan, laut Kirchenrecht dem Orden überstellt, mischte sich ein. Was vom Orden, der völkerrechtlich auf Augenhöhe mit dem Vatikan steht, gar nicht gut aufgenommen wurde. Unbeschadet blieb am Ende der Mann, dessen Personalie alles erst ausgelöst hatte: Zäh wie Gummi hielt sich Boeselager in Amt und Würden.

Mein Besuch beim Ordensbotschafter im Fort St. Angelo verlief da entspannter, hatte aber durchaus seine Tücken. Als ich nämlich dort anrief, erlebte ich etwas, das ganz typisch maltesisch ist: ein Sprachbabylon vom Feinsten.

Zuerst bekam ich die Haushälterin ans Telefon. In wohlerzogenem Englisch bat ich um einen Termin mit ihrem Chef, fand allerdings schnell heraus, dass sie mich so gut wie gar nicht verstand. Also versuchte ich es auf Malti. Leider hatte ich auch damit keinen Erfolg. Da viele Malteser gut Italienisch sprechen, weil das italienische Fernsehen sich hier großer Beliebtheit erfreut und es außerdem die Amtssprache des Ordens ist, versuchte ich es damit. Wieder nichts.

Beim nächsten Versuch hatte ich dann den Botschafter selbst am Telefon. Als der freundliche ältere Herr hörte, woher ich kam, wechselte er sofort ins Deutsche und gab sich als Österreicher zu erkennen. So war der Termin eine Kleinigkeit.

Ich fuhr also mit einem der unbeschreiblichen grünen Busse, von denen noch die Rede sein wird, hinüber nach Birgu. Durchquerte den Ort und erreichte das eiserne Tor mit dem Malteserkreuz, das damals der Zugang zum Fort war. Am Tor saß ein gemütlicher Pförtner, der bestens (und ausschließlich) Malti sprach. So war die Kommunikation kein Problem, und ich wurde freundlich eingelassen. Ich überquerte die besagte Brücke, die waghalsig über den Graben gebaut ist. Glücklicherweise ohne mir wie weiland der türkische Gesandte während der Belagerung in die Hosen zu machen.

Als der Ordensherr mich begrüßte und ich erfuhr, dass der nette Pförtner der Mann der Haushälterin sei, war meine erste Frage: »Welche Muttersprache hat denn um Himmels willen Ihre Haushälterin?«

»Oh«, meinte der Botschafter, »sie ist Polin. Aber sie spricht ganz ausgezeichnet Deutsch.«

Wie sie sich mit ihrem Mann verständigt, ist mir allerdings bis heute ein Rätsel.

Als Ordensbotschafter auf Malta hatte man, wie ich erfuhr, anfangs noch mit diplomatischen Verwicklungen zu kämpfen, die ein gewisses Feingefühl erforderten. So hatten ihm seine Enkel – wie heutzutage viele war er erst nach dem Tod seiner Frau in den Orden eingetreten –

zum Geburtstag ein Fernrohr verehrt, welches er mit Blick auf das Panorama des Grand Harbour und die Skyline von Valletta aufgestellt hatte. Der Sitz auf St. Angelo beherbergt nämlich unter anderem einen kleinen Erker, von dem aus man einen spektakulären Blick über den gesamten Hafen hat. Worauf die Regierung den alten Herrn auf seinem luftigen Sitz prompt der Spionage verdächtigte und es einiger Gespräche bedurfte, um diesen Verdacht auszuräumen. Zum Glück glaubte man ihm, und die diplomatischen Beziehungen waren gerettet.

Was früher mit Leuten geschah, die vielleicht weniger diplomatisch waren, zeigte mir der Ritter anschaulich bei meinem Besuch: Unterhalb des Ordenshauses und der St. Anne's Chapel, des ältesten Bauwerks in Birgu, durfte ich nämlich auch die sogenannte Guva besichtigen, das Verlies, in dem der Maler Michelangelo Merisi da Caravaggio einsaß. Heute befindet sie sich im öffentlich zugänglichen Teil, zumindest wenn sie nicht gerade aus konservatorischen Gründen geschlossen ist. Sie beherbergt diverse Graffitis von Insassen, denn natürlich wurden hier nicht nur renitente Maler, sondern vor allem auch ungehorsame, unzüchtige oder verräterische Ordensherren auf den rechten Weg zurückgeführt.

Diese rauen Sitten wurden auch bei Gästen angewandt, wenn sie sich nicht zu benehmen wussten – und Benehmen war nun nicht gerade Caravaggios Stärke. Auf der Flucht vor einer Mordanklage nach einem Duell in Rom war er hier auf Malta angekommen. Zunächst stand er unter dem Schutz des Großmeisters Alof de Wignacourt, dessen Porträt er anfertigte. Außerdem malte er für die Kathedrale von Valletta die berühmte *Enthauptung Johannes des Täufers*, mit spektakulärem Gruseleffekt: Rinnt doch das Blut des Heiligen direkt in den Namenszug des exzentrischen Künstlergenies. Mit Ausnahme einer älteren Frau scheinen bei der Hinrichtung alle Figuren routiniert, fast beiläufig ihr Handwerk zu verrichten. Caravaggio zeigt Johannes ohne den Abglanz der Heiligkeit, ohne Verheißung einer glorreichen Zukunft als Märtyrer im Himmel, fast brutal als totes Fleisch.

Der Mann für die Extreme, die sich auch in seinem brillanten Spiel von Licht und Schatten zeigen, hatte sein unkonventionelles Temperament auch hier auf Malta nicht ganz im Griff. Und so folgte auf die anfängliche Freude de Wignacourts bald eine Gefängnisstrafe, und bei Wasser und Brot hockte das unbeugsame Genie in einem Loch im maltesischen Kalkstein.

Lange hielt es Caravaggio ohnehin nicht auf der Insel. Kurze Zeit später verließ er auch Malta im Unfrieden – sein Ausschluss aus dem Orden wurde unter dem Bild beschlossen, das er gemalt hatte. Bald darauf verschied er auf dem Rückweg nach Rom unter bis heute ungeklärten Umständen, vermutlich an der Malaria. In Porto Ercole steht das Haus, in dem er seinen letzten Atemzug tat – ob nun jemand dabei nachgeholfen hat, wird wohl für immer ungeklärt bleiben.

Mein eigener Besuch auf St. Angelo endete indes friedlich und gesittet. Nach einer ausführlichen Führung und langen Gesprächen über die frühere und heutige Ordensverwaltung, nach Tee und Gebäck verließ ich das Fort und überquerte dabei ein zweites Mal den Graben, an dem sich der türkische Gesandte anno 1565 in die Hosen gemacht haben soll. Aber Legenden, das wusste ich ja nun, werden auf Malta noch heute gestrickt.

Touristen und andere Invasoren

Von Homer bis heute

Möglicherweise waren die maltesischen Inseln schon in der Steinzeit ein Tourismusziel. Immer wieder liest man, die zahllosen Tempel wiesen Malta und Gozo als Kultorte aus, zu denen man aus dem ganzen Mittelmeerraum pilgerte. Die These ist inzwischen ein wenig aus der Mode gekommen. Denkbar ist schließlich auch, dass die Tempel Versuche waren, die zunehmende Austrocknung der Inseln und damit das Verschwinden der Lebensgrundlage ihrer Bewohner aufzuhalten. Dennoch hat das Archipel eine Tourismusgeschichte, die sich sehen lassen kann.

Der erste Tourist, den wir namentlich kennen, ist Odysseus. Und dieser prominente Reisende rückt Gozo eindeutig auf die Position vor Malta.

Mit Gozo fängt genau genommen die Odyssee überhaupt an: mit der »Insel am Nabel des Meeres« – tatsächlich liegen Malta und Gozo ja ziemlich genau in der Mitte des Mittelmeers. Dort also, wo der Bursche mit dem Attribut »listenreich« sieben Jahre lang All-inclusive-Urlaub bei der Nymphe Kalypso machte. Auf deren Kosten.

Sonnengott Helios hatte als Vorreiter der Vegetarierlobby all seine Schiffe mit Mann und Maus versenkt, weil sie die heiligen Rinder verspeist hatten. Odysseus allein soll überlebt und sich in den Armen der hübschen Nymphe auskuriert haben. Sein Hotel mit persönlicher VIP-Betreuung lag hoch über der Ramla Bay (das heißt Sandbucht – nicht, dass Sie noch falsche etymologische Schlüsse ziehen!) auf Gozo. Irgendwann allerdings wurde es selbst den Göttern zu bunt. Sie fanden, der schnorrende Weltenbummler solle endlich nach Hause zu Weib und Kind zurückkehren.

Auf den Komfort dieses ersten Hotels werden wir noch zu sprechen kommen. Nur so viel: Die Wohnverhältnisse waren eher beengt. Nicht einmal die Anwesenheit einer Nymphe konnte Calypso's Cave fünf Sterne verleihen. Die Felsspalte ist eng und dunkel, der Boden stachelig. Wer trotzdem den Abstieg durch ein paar Schritte Macchia wagt, kann allerdings eine wirklich spektakuläre Aussicht über Gozos Küste und auf besagte Sandbucht genießen.

Zum Frühstück gab es vielleicht Kaktusfeigen, die man hier fast überall wild pflücken kann. So manche kleine Grünanlage, so mancher grüne Kaktusschmuck vor einem Supermarkt präsentiert sich im August abgeerntet von Passanten. Mich eingeschlossen, denn die Früchte schmecken fantastisch. Leider haben sie aber auch ganz gemeine, extrem feine Stacheln, die bei der ersten Berührung abbrechen und sich unrettbar in die Haut bohren. Nach jedem Aufenthalt in Malta habe ich sie noch wochenlang in den Fingern, weil ich nie widerstehen kann, wenn ich die Feigen am Wegrand sehe. Jedes Mal wieder denke ich, dass ich sie genauso gut entstachelt im Supermarkt oder beim Bauern kaufen könnte.

Schwöre Kaktusabstinenz. Aber dann komme ich wieder an einem Feld oder an dem Kreisverkehr vor San Lawrenz in Birgu vorbei, und auf dem breiten, fleischigen Ast sitzt so ein wunderbares, gelbrotes Früchtchen …

Lieben gelernt habe ich sie genau hier, bei Calypso's Cave. Als ich das erste Mal die Klippe wieder hochgehechelt kam, fest überzeugt, dass Odysseus sieben Jahre lang auf LSD gewesen sein musste, stand oben auf dem Weg ein kleiner Obstkarren. Ein Großvater und seine Enkel boten Kaktusfeigen an. Von ihnen habe ich nicht nur wieder ein bisschen Malti gelernt, sondern auch, wie man die Früchte öffnet. Das entschädigte ein wenig für den steilen Aufstieg zwischen Steinen und Disteln. Ich habe geraume Zeit bei diesem Eselskarren verbracht, Kaktusfeigen gegessen und über Odysseus geredet.

Bei so viel mythischer Prominenz wollte die Schwesterinsel Malta nicht nachstehen. Allerdings dauerte es ein paar Hundert Jahre, bis auch dort endlich prominentes Strandgut angeschwemmt wurde: der heilige Paulus. Im Jahr 60 soll er als Gefangener auf dem Weg nach Rom auf einer Insel namens Melita Schiffbruch erlitten haben – in der St. Paul's Bay, sagen die Malteser, wo auf einer vorgelagerten Insel eine zwölf Meter hohe Statue an das denkwürdige Ereignis erinnert und sich ungezwungen nach Art des Christus von Rio de Janeiro in die Höhe reckt. Paulus ist ein gefragter Mann auf Malta, er hat gleich drei Feiertage: den 10. Februar, den Tag seines Schiffbruchs, den 25. Januar, den Tag seiner Bekehrung vom Saulus zum Paulus, und schließlich den 29. Juni, das Fest von Peter und Paul. Kein Wunder, dass einer der häufigsten Männernamen neben Joe eben auch Pawl ist.

Dabei fing es gar nicht so gut an: Dem Vernehmen nach hat auch dieses heilige Strandgut zunächst in einer

Höhle Schutz gesucht. Anderen Berichten zufolge soll der Statthalter der Insel, ein gewisser Publius, den Apostel allerdings gleich zur Begrüßung eingekerkert haben. Unter der Paulskirche in Rabat bei Mdina wird noch heute die entsprechende Grotte gezeigt. Dieser Fall wie auch der von Caravaggio beweist, dass der eine oder andere Maltabesucher früher ohne viel Federlesens die Insel aus der Rattenperspektive betrachten musste, wenn er Verdruss erregte. Davor muss heute allerdings niemand mehr Angst haben. Es sei denn, er würde mit Drogen erwischt. Da Malta mehr und mehr zum Umschlagplatz für nordafrikanische Drogenhändler wurde, verstehen die Behörden in dieser Hinsicht gar keinen Spaß. Und schon wegen einer winzigen Menge kann man monatelang hinter Gitter wandern und über das Schicksal von Caravaggio und San Pawl meditieren.

Wer indes oberirdisch auf den Spuren des Apostels wandelt, wird nicht nur in Rabat fündig. Nahe dem Ort des Schiffbruchs soll die Apostelquelle von Paulus selbst per Wunder geschaffen worden sein. Später soll Paulus übrigens ein besseres Verhältnis zum Statthalter Publius gehabt haben. Der hat ihn angeblich sogar in seine Villa aufgenommen, wo Paulus flugs einige Kranke heilte. Publius soll sich angesichts der wundersamen Wohltaten schleunigst bekehrt haben und zum ersten Bischof Maltas geworden sein. Angeblich steht die Kathedrale von Mdina an der Stelle, wo sich zuvor sein Palast befand. Nun bin ich zwar ungläubig, aber was soll's. Gute Geschichten muss man einfach lieben: *Se non è vero, è ben trovato* – wenn es nicht wahr ist, ist es gut erfunden.

Paulus ist bis heute der Schutzpatron der maltesischen Inseln und bedeutet den Maltesern viel. Weswegen sie es auch gar nicht gern hören, dass manche meinen, er sei überhaupt nie auf Malta gewesen und das »Melita« der Apostelgeschichte liege ganz woanders. Heißt es doch auch, dass die Bewohner *bárbaroi* waren, also weder Latein noch Griechisch sprachen.

Tatsächlich ist Malta nachweislich eine der ersten römischen Kolonien, die christlich wurde. Und Wunder gibt es hier bis heute: Am Tag der Amtseinführung von Papst Benedikt XVI. wurde vor der Küste ein römischer Bleianker gefunden – der seither als Anker des heiligen Paulus verehrt und beim Papstbesuch stolz präsentiert wurde. Mit 97 Prozent Katholiken und angeblich 365 Kirchen und Kapellen auf 316 Quadratkilometern ist Malta nach wie vor eine stramme Festung des Christentums. Von den Römern und den frühen Christen zeugen heute eine römische Villa mit einem sehenswerten Mosaikboden und die zahlreichen Katakomben, von denen die St. Paul's Catacombs in Rabat vermutlich die eindrucksvollsten und bekanntesten sind.

Die Araber haben wenig Spuren auf Malta hinterlassen. Abgesehen von den sprachlichen, auf die wir noch zu sprechen kommen werden. Auch von den sizilianischen Normannen, den Anjou und den Aragonesen findet man nicht mehr viel. Allen gemeinsam ist, dass Malta mit Sizilien eine Verwaltungseinheit bildete. An die Normannen erinnert vielleicht die Tatsache, dass es auffallend viele Malteser mit hellen Augen gibt. Möglicherweise ein Relikt der Kolonialherrschaft – sei es der Normannen oder auch, in jüngerer Vergangenheit, der Briten.

Wenn man irgendwo im Südosten Maltas auf den Klippen steht, die hoch aus dem Meer ragen, erscheinen die einzelnen Episoden unbedeutend vor den viel größeren Zeiträumen, die Land und Meer bewegen. Nicht weit von hier haben sich die *cart ruts* in den Boden gegraben – vielleicht Spuren zweirädriger Karren, die man heute noch auf Malta sehen kann und die möglicherweise schon in der Vorgeschichte hier verwendet wurden. Der weiche Globigerinenkalk hat ihre Spuren bewahrt. Beugt man sich hinunter und berührt mit der Hand die Rillen, die vor Jahrtausenden in den Stein gegraben wurden, erscheinen einem die Invasoren der Geschichte wie Stürme, die ein paar Tage lang über die Inseln hinwegzogen – nicht mehr. Die Herren kamen und gingen wie Ebbe und Flut, und die Malteser ratterten weiter mit ihren riesigen zweirädrigen Karren durch die Straßen und über die Felder.

Angesichts von so viel Tourismus hätten die Johanniterritter froh sein können, dass sie ab 1530 leben konnten, wo andere heute Urlaub machen. Die Vorzüge Maltas erschlossen sich den mehr oder weniger frommen Kämpen allerdings erst nach und nach. Ein erstes Gutachterteam von acht Mann, das 1524 die von Kaiser Karl V. angebotene »Immobilie« in Augenschein nehmen sollte, zeigte sich wenig begeistert: »Die Insel Malta ist nichts weiter als ein Felsen aus weichem Sandstein, Tuff genannt (…) Bis auf ein paar Quellen im Landesinneren gibt es kein fließendes Wasser, nicht einmal Brunnen, sodass die Einwohner sich mit Zisternen behelfen müssen, in denen sie Regenwasser auffangen. (…) und um ihr Essen zu erwärmen, müssen die Bewohner gedörrten Kuhdung oder Disteln verwenden (…) Die Hauptstadt *città notabile* (das heißt Mdina, A. I.) liegt auf einer Anhöhe im Inneren der Insel. Die meisten ihrer Häuser sind unbewohnt (…) An der Ostküste hingegen befinden sich viele Landzungen, kleinere sowie größere Buchten und zwei besonders schöne große Häfen, geräumig genung, um eine Flotte beliebigen Umfangs aufzunehmen«, wird der erste Eindruck bei Ernle Bradford zitiert.

Die Zurückhaltung beruhte auf Gegenseitigkeit. Die Ritter wurden keineswegs so freundlich begrüßt wie moderne Touristen – anders als diese hatten sie allerdings auch die Absicht, zu bleiben und zu herrschen. Und so berichtet der maltesische Priester und Historiker Sir Themistocles Zammit: »Die Malteser, die gewohnt waren, als Freie behandelt zu werden, vermerkten es übel, dass sie der politischen Freiheiten verlustig gingen, die man ihnen eingeräumt hatte (...) Für den gebildeten adligen Malteser (...) kommt es einfach nicht infrage, den herrischen Orden, der ihnen ihre Ständevertretung und ihre freien Institutionen wegnahm (...), ins Gespräch zu bringen oder gar zu verteidigen.«

Malta und der Malteserorden, das war anfangs keine Liebesgeschichte. Es wurde Liebe auf den zweiten Blick. Nachdem die Türken 1565 eine sicher geglaubte Belagerung verloren und Malta fluchtartig verlassen hatten, erwärmten sich die Ritter für den Felsen aus »weichem Sandstein« – und umgekehrt. Nicht nur hatte man gemeinsam gegen die Invasoren gekämpft und sie zurückgeschlagen. Nicht nur sang man im ganzen christlichen Europa Lobeshymnen auf die tapferen Widerständler, die geschafft hatten, was Konstantinopel nicht gelungen war: die Osmanen auf Nimmerwiedersehen abzuwehren. Nicht nur waren die Malteser nach dem Triumph bereit, beim Bau von Valletta mitzuhelfen (umso eifriger, als dies die Ritter auch dauerhaft aus der alten Hauptstadt Mdina fernzuhalten versprach). Der Orden schreckte auch die türkischen Freibeuter ab, die früher jährlich die Inseln heimgesucht und Furchtbares angerichtet hatten: Dragut, der gefürchtetste Pirat von allen, der im Jahr 1551 halb

Gozo in die Sklaverei verschleppt hatte, war während der Großen Belagerung gefallen. Angesichts der gut bemannten und mit den neuesten Waffen bestückten Ordensgaleeren war Malta keine leichte und damit lohnende Beute mehr. Das wussten die Piraten auch deshalb, weil sie und die Ordensritter mit schöner Regelmäßigkeit immer wieder Zeiten auf den Ruderbänken der jeweils feindlichen Galeeren verbrachten. Bis zum nächsten Gefangenenaustausch oder wenn ihre eigenen Leute das feindliche Schiff enterten.

Denn es sollte vielleicht erwähnt werden, dass der Orden umgekehrt selbst auch ganz gut von der Piraterie lebte. An den Ruderbänken seiner Galeeren verrichteten vornehmlich türkische (in diesem Teil des Mittelmeers also vor allem nordafrikanische) Piraten Frondienst. Allerdings nicht nur Piraten, sondern auch Sträflinge. Die Galeere war nicht nur das Ende so mancher Kaperfahrt, sondern auch die vielleicht gefürchtetste Strafe in christlichen Landen. Drei Jahre hier kamen in den meisten Fällen einem Todesurteil gleich. Nackt an die Ruderbänke gekettet, bewegten die Gefangenen im Takt eines schweren Hammers zu mehreren die Ruder. Viele wurden erst losgemacht, wenn sie an Durchfall, Fieber oder Erschöpfung gestorben waren.

Für die Johanniter, die im Rahmen ihrer Ausbildung Marinedienst verrichten mussten, gehörte die Galeere gewissermaßen zum Berufsrisiko. Auch Großmeister La Valette, der siegreiche Türkenkämpe, hatte in seiner Jugend einige Zeit auf einer osmanischen Galeere verbracht. Der Okzitanier mit dem schwarzen Haar und dem drohenden Blick hatte möglicherweise noch das eine oder andere private Hühnchen zu rupfen, als sich die türkische Flotte vor seiner Haustür versammelte.

Die Ritter stellten ihrerseits fest, dass ihre heimischen französischen Weintrauben hier auf Malta bestens gediehen und Papst, Inquisition und Reformation sie weitgehend in Ruhe ließen. Maltas Goldene Zeit liegt im Barock, als das Hospital blühte und wissenschaftliche Pionierarbeit leistete, als die Söhne des europäischen Adels Geld und Lebensart mitbrachten und eine gesamteuropäische Kultur etablierten, die mehr und mehr auch die eigentlichen Bewohner der Insel einschloss.

So verbesserte sich nach und nach das Klima zwischen dem Orden und den Maltesern. Der (einzige deutsche) Großmeister Ferdinand von Hompesch soll dann im 18. Jahrhundert schließlich sogar äußerst beliebt gewesen sein. Er war es allerdings auch, der die Inseln an Napoleon verlor, der sie auf seinem Ägyptenfeldzug quasi nebenher eroberte. 1814 fielen sie offiziell an die Briten, die sie bereits 1800 erobert hatten, aber ursprünglich dem Orden zurückgeben wollten. 1964 wurde Malta in die Unabhängigkeit entlassen. Aber noch immer prangt in der Flagge das englische Georgskreuz, das den Maltesern für den tapferen Widerstand im Zweiten Weltkrieg verliehen wurde.

Heute erfreut sich die Insel auch als Ziel vor allem britischer Auswanderer zunehmender Beliebtheit. Dazu kommen jährlich Dutzende Schüler, die hier in entspannter Atmosphäre Englisch lernen. Malta war und ist zudem eine begehrte Destination für viele Hochzeitsreisende und ältere Herrschaften, die hier von den vergangenen Kolonialzeiten träumen. Mein uralter erster Sprachführer, damals der einzige auf dem Markt, verfasst von einem maltesischen Weltkriegsveteranen, listet auch Sätze auf, wie man eine Wohnung oder ein Haus mietet oder kauft und das passende Personal dazu findet. Darunter finden sich noch Sätze wie: »Haben Sie schon einmal für Engländer gearbeitet?« Koloniale Relikte, aber auch wenn sich manche britischen Eigenheiten gehalten haben: Irgendwann sind auch diese Herren nicht ganz freiwillig wieder gegangen.

Dass von allen irgendwie etwas geblieben ist, haben die Malteser unaufgeregt hingenommen. Was ihnen gefiel, blieb, was nicht, wurde vergessen. Der kulturelle Mix, eingefasst von der katholischen Tradition, ist charakteristisch für Malta und prägt nahezu alles: von der Sprache über das Essen und die Bräuche bis hin zum bisweilen britisch anmutenden Humor. Wie immer haben die Malteser alle Invasoren über sich hinwegbrausen lassen, haben ihre Karren über die Feldwege und durch die stillen Straßen von Mdina gelenkt und sich über all die verrückten Dinge, die ihnen so passieren, Lieder wie den *Maltese Calypso* ausgedacht.

Mittlerweile bricht jeden Sommer der Tourismus über Malta herein, aber wessen Vorfahren den Osmanen und der italienischen und deutschen Luftwaffe trotzten, der lässt sich davon natürlich nicht aus der Ruhe bringen. Der Tourismus bringt allerdings auch Herausforderungen mit sich. Er beschleunigt Entwicklungen, die schon mal das Landschaftsbild verändern. Wie bereits die Ordensritter wussten, gibt es kaum Wasser auf Malta. Im 16. Jahrhundert mussten sich die Bewohner deshalb mit Regenwasserzisternen helfen. Das war bis in die jüngste Vergangenheit so, Hotels besaßen früher hauseigene Zisternen auf dem Dach. Inzwischen gibt es Meerwasserentsalzungsanlagen, die aber natürlich keine Zierde sind. Eine davon erhebt sich unweit des einstigen Fischerdorfs Marsaxlokk und ragt mit ihren Schloten wie eine Burg über der weiten Bucht auf. Träumerisch schaukeln *luzzi* im Wasser, die traditionellen Fischerboote, und schielen zu ihr herüber. Das mit dem Schielen ist übrigens wörtlich zu nehmen, denn die bunt bemalten Boote, die meist in Weiß, Blau, Gelb und etwas Rot gehalten sind, haben typischerweise vorne zwei aufgemalte Augen. Sie verweisen auf den früher im ganzen Mittelmeerraum verbreiteten Glauben an den »bösen Blick«. Der zerstörerische Einfluss des Neids, der beim Anschauen entstehen könnte – sei es auf das Boot, sei es auf den reichen Fang darin –, soll dadurch gewissermaßen gespiegelt und zurückgelenkt werden.

Der »böse Blick« ist ein Relikt magischer Vorstellungen und im islamischen, jüdischen und christlichen Mittelmeerraum bekannt. Heute kann man die kleinen Augen, die einen davor bewahren sollen, als Schmuck erwerben oder sieht sie in Nordafrika zum Beispiel an Wände gemalt. Genau wie die silbernen Hände (die im Islam »Hand Fatimas«, im christlichen Orient »Hand Marias« und im Judentum »Hand Gottes« heißen) sollen sie böse Mächte ablenken.

Läuft man am Hafen von Marsaxlokk entlang, unterhalb der barocken doppeltürmigen Kirche, breitet die Bucht weit nach Südosten ihre Arme aus. Palmen säumen die Promenade. Und überall auf dieser weiten, in der Sonne glitzernden Bucht schaukeln die bunten *luzzi* und richten ihre Augen auf den Besucher. Sie scheinen jeden Schritt zu beobachten, aufmerksam, freundlich, ein stummes Heer von Augen, kleine Spione im Südwestwind. Nein, wäre ich eine finstere Macht aus den Tiefen der Hölle, würde ich mich nicht mit ihnen anlegen.

Begegnungen der anderen Art

Gespenster in Malta

Apropos Übernatürliches. Vielleicht sollte noch eine Spezies Invasoren aus einer ganz anderen Welt erwähnt werden. Ihre Präsenz dürfte auf die britische Zeit zurückgehen, ist möglicherweise aber auch schon älter: Ich spreche von dem ausgesprochenen Faible der Malteser für Geistergeschichten!

Bekanntermaßen blühten sie auf den Britischen Inseln des 19. Jahrhunderts. Aufklärung und Industrialisierung hatten das Empire in eine scheinbar kalte, von Vernunft und Technik geprägte Moderne gestoßen, die sich die überrumpelten Bewohner mit Leuten wie Frankenstein oder Dracula kuschelig-spirituell einrichteten. *Gothic novels* und Schwarze Romantik blühten und machten England zur absoluten Topadresse für übernatürliche Wesen: So manche alte Lady pflegt bis heute gute Nachbarschaft mit ihrem geisterhaften Mitbewohner. Und natürlich besitzt England mit Hogwarts die einschlägige Schule für angehende Zauberer. Es behauptet so, neben Oxford und Cambridge, auch im übernatürlichen Bildungswesen eine Spitzenposition. Wie es mit dem Export von Geistwesen steht, ob während der Kolonialzeit eine Art Migration der anderen Art nach Süden stattfand, kann ich mangels zuverlässiger Quellen nicht sagen. Doch auch auf den maltesischen Inseln gehört der Hausgeist gewissermaßen zum guten Ton.

Auf dem maltesischen Blog livinginmalta.com haben die Geister ihre eigene Rubrik, und mittlerweile bietet man in Valletta sogar nächtliche Geistertouren an. Dort kann man auf den Spuren des unseligen Gespensts der Republic Street wandeln, dem Spuk der St. John's Co-Cathedral nachspüren oder anderen übernatürlichen Erscheinungen auf die Spur kommen.

Da ist das libysche Ehepaar, das in Nachtwäsche auf der Polizeiwache aufkreuzte, entsetzt und deutlich mitgenommen. Was zwei ansonsten kulturell eher auf Bekleidung gepolte Araber mitten in der Nacht quasi in der Unterhose zu fremden Männern trieb: eine Frau. Eine Dame, die unversehens aus einem der Bilder in ihrem Haus herausschwebte und mit schauriger Stimme hauchte: »Warum?«

Der diensthabende Officer begleitete das schockierte Paar zurück. Um keinen Preis wollte es die Nacht in seiner Unterkunft verbringen, weshalb es das Angebot, sich unter Polizeischutz anzuziehen und ein Hotel zu suchen, gern annahm. Der stramme Gesetzeshüter schnallte also seine Waffe um und nahm die beiden unter seine Fittiche – nur um seinerseits von der Erscheinung geschockt zu werden. Kalten Angstschweiß auf den Gesichtern und noch immer unzureichend bekleidet, verließ das Ehepaar samt Polizeischutz zum zweiten Mal das Haus. Wie es die Nacht verbrachte, weiß ich nicht, aber angenehm war es sicher nicht. Anderntags hörte der Polizeichef von dem Vorfall und nahm sich seiner persönlich an. Er zeigte dem Ehepaar Fotos von Mordopfern der letzten Jahre – unter denen die verängstigten Gäste umgehend die mysteriöse Dame aus dem Bild erkannten!

Geschichten wie die von Charles, dem Nachtportier, der immer wieder Stimmen aus dem längst geschlossenen Hotelrestaurant hörte, sind indes weniger gruselig. Sie mögen ihren Grund vielleicht in der restriktiven Sexualmoral haben, die hier in vielen Familien immer noch gepflegt wird. Ebenso wie solche von verfluchten Autos, die sich dann unter mysteriösen Umständen durch allerlei Zipperlein bemerkbar machen – wenn wir nachher auf das Klischee des maltesischen Autos zu sprechen kommen, werden wir weit weniger geisterhafte Erklärungen dafür finden.

Schaurig-schön ist hingegen das verfluchte Apartment auf Gozo, welches ganz in der Tradition der englischen *haunted houses* steht. Hier versetzte nächtliches Heulen und Stöhnen samt Kettengerassel die Gäste aus Malta in Angst und Schrecken. Die Besitzerin gab ihnen ohne Murren das Geld zurück. Sie wusste schließlich, welcher Fluch auf dem unseligen Gebäude lastete.

Viele Malteser glauben auch heute noch an ihren persönlichen Hausgeist, den *ħares*. Einerseits ist er eine Art Beschützer (was das Wort auch bedeutet). Er behütet das Haus und seine Bewohner und sorgt dafür, dass alle sicher und gesund leben. Andererseits kann der Ħares äußerst empfindlich reagieren, wenn man über ihn spricht. Deshalb reden die meisten Malteser nicht gern über ihre Mitbewohner aus anderen Welten. Tun sie es doch, fürchten viele, der Geist könnte sich rächen. So erzählte mir jemand in Valletta, eine ältere Frau aus dem Bekanntenkreis habe über ihren übernatürlichen Mitbewohner gesprochen. Kurz danach sei sie auf der Treppe in ihrem Haus schwer gestürzt. Nun sitze sie im Rollstuhl.

Solange man Schweigen bewahrt, kann der Geist sich allerdings nützlich machen. Mancher Ħares hütet die Kinder des Hauses, sozusagen als Nanny aus einer anderen Dimension. Manche Kinder sollen »ihren« Geist nachts an ihrem Bett stehen gesehen haben, vor allem in Nächten, in denen der Vater abwesend war. Allerdings gilt auch hier: Schweigen ist Gold. Denn der Geist würde sonst aufhören, der Mutter Geschenke zu machen. Prosaischer veranlagte Gemüter könnten hier natürlich argwöhnen, dass der Ħares in Wahrheit ein äußerst leibhaftiger Hausfreund ist, der aus naheliegenden Gründen nur bei Abwesenheit des Vaters in Erscheinung trat und nicht erwähnt werden durfte.

Die Spukgeschichten aus Valletta sind zahlreich. Auffallend viele von ihnen ranken sich um, wen wundert's: Geist-liche. So soll in der St. John's Co-Cathedral das Gespenst eines Priesters die Messe zelebriert haben. Als die erschrockene Gemeinde indes hinter den Grund für den Spuk kam, konnte sie aufatmen. Der Priester hatte ein Gelübde getan, dass er noch drei Messen halten werde. Da ihm der Tod dazwischenkam, hatte er seinen Schwur nicht mehr erfüllen können, aber als verantwortungsbewusster Seelsorger das Wohl seiner Schäfchen auch nach seinem Ableben noch im Visier gehabt. Nachdem alle drei Messen gehalten waren, fand seine arme Seele denn auch Ruhe.

Der Kommunikationsmarkt mit dem Übernatürlichen ist auf Malta also fest in katholischer Hand. Geister von Verstorbenen treten bereits in antiken Glaubensvorstellungen auf, meist als Folge eines frühen oder gewaltsamen Todes. Häufig bitten sie um korrekte Bestattungsriten oder geben Ratschläge. Das Christentum übernahm das Interesse der Geister an ordnungsgemäß ausgeführten Bestattungsriten und verankerte so christliche Rituale im kollektiven Bewusstsein. Gern strafen sie auch für nichtkonformes (oft: habgieriges) Verhalten. Erbschleicher sterben beispielsweise eines mysteriösen, plötzlichen Todes, nachdem sie dem Geist des gelinkten Verwandten begegnet sind.

Der Zweck dieser Geistergeschichten ist offensichtlich: Es geht um die Einhaltung der Normen auch da, wo sie schwer oder gar nicht zu überprüfen sind. Im 19. Jahrhundert gewann der Geisterglaube auf dem Boden der Schwarzen Romantik neues Terrain und bekam mit dem Spiritismus sogar eine eigene Religion. Poltergeister und Klopfgeister wurden ab 1848 durch die amerikanischen Fox-Schwestern prominent, die sogar einen Klopfcode zur Kommunikation entwickelten. Parallel dazu wurde übrigens 1843/44 die erste Morse-Telegrafenlinie zwischen Washington und Baltimore eingerichtet. Bald entstanden Laienkulte zur Geisterbeschwörung, die schnell prominent wurden. In Gestalt der Parapsychologie beschäftigt sich sogar eine eigene Forschung mit übernatürlichen Fragen und fühlt Phänomenen wie Psychokinetik (Bewegen von Dingen durch Gedankenkraft) experimentell auf den Zahn.

In der Moderne steht die katholische Kirche dem Spiritismus bekanntermaßen ablehnend gegenüber. Sie spricht sich gegen den Glauben insbesondere an wohlmeinende Totengeister aus, den sie zum Einfallstor für Dämonen erklärt (und setzt gegen Letztere ihrerseits eigene Exorzisten ein). Aber das kümmert hier auf Malta niemanden besonders. *I want to believe*. Rom ist weit, und die Geister sind nah. Und wenn schon die katholischen

Priester spuken, ist das ja wohl ein eindeutiges Signal. Das geht schon in Ordnung.

Priester jeglicher Konfession sind sehr verbreitete Geister in Malta. Aber neben der erwähnten Dame aus dem Bild treiben auch weitere Untote weiblichen Geschlechts ihr Unwesen. Während der Besatzungszeit widerfuhr zwei britischen Marinesoldaten folgende Begegnung der anderen Art, die in verschiedenen Versionen erzählt wird: Als sie des Nachts durch die menschenleeren Gassen Vallettas liefen, trafen sie auf eine gut gekleidete, züchtig mit der Għonnella bedeckte maltesische Dame, die um männlichen Beistand bat: Sie habe sich aus ihrem Palazzo in der St. Ursula Street ausgesperrt und brauche dringend jemanden, der über den Balkon in ihr Apartment klettern und den Schlüssel holen könnte. Die beiden Matrosen, echte britische Gentlemen, waren selbstverständlich bereit, der Lady in Nöten zu helfen. Also kletterten sie außen am Palazzo zum Erker hinauf und betraten die Wohnung. Zu ihrem Erstaunen befanden sie sich in einem äußerst luxuriös eingerichteten Apartment, ganz das einer echten Lady. Sie fanden den Schlüssel an der genannten Stelle und brachten ihn der Dame. Dankbar entschwand die Lady, doch bei den Matrosen hatte sie offenbar Eindruck hinterlassen. Denn sie kamen am nächsten Tag wieder (natürlich nur, weil einer von ihnen sein Zigarettenetui vergessen hatte). Zu ihrer Überraschung jedoch fanden sie an der Stelle des noblen Palazzo nur eine heruntergekommene Bruchbude vor, die überdies laut Auskunft der Anwohner schon lange leer stand!

Nüchternere Zeitgenossen mögen vielleicht annehmen, eine trickreiche junge Dame habe sich hier vielleicht eines unerwünschten Annäherungsversuchs entledigt. Diese Interpretation wird dadurch unterstützt, dass die Geschichte ausdrücklich erwähnt, die beiden Matrosen hätten im Vorfeld dem Genuss geist-iger Getränke gefrönt …

Das alles mag den Eindruck erwecken, selbst die maltesischen Geister hätten eine erstaunlich niedrige Kriminalitätsrate. Der Vollständigkeit halber muss jedoch gesagt werden, dass nicht alle Erscheinungen so gutartig sind. Auch von bösen Poltergeistern berichtet man sich:

Ein Engländer, Brian, soll sich ein Haus gekauft haben. Schon bald merkten er und seine Familie jedoch, dass irgendetwas damit nicht stimmte. Schwere Gegenstände fielen plötzlich um, ohne dass ein Windzug zu spüren war oder jemand im Haus weilte. Keine Nacht konnte die Familie ruhig schlafen. Also taten sie, was vernünftige Menschen in einem solchen Fall tun, und riefen einen Priester, um einen Exorzismus zu vollziehen. Die Gebete und magischen Formeln des Priesters indes schienen den Poltergeist zu erzürnen, und er begann das zu tun, was unerzogene Poltergeister zu tun pflegen, nämlich Dinge zu werfen. Der Priester sah sich alsbald einem Bombardement aus Hausrat ausgesetzt und wehrte sich wacker, indem er mit Weihwasser spritzte. Im letzten Moment, ehe ihn ein besonders schwerer Gegenstand am Kopf erwischen konnte, traf er. Die Gegenstände blieben in der Luft stehen und fielen dann herab. Und der Poltergeist ward nie mehr gesehen.

Die Malteser lieben Geistergeschichten wie diese, und sie erzählen sie allen, die sich dafür interessieren, die einen ernster, die anderen weniger ernst. Tatsächlich glauben allerdings viele Malteser nach wie vor fest an übernatürliche Erscheinungen. Ich persönlich bin zwar ungläubig. Hinter verwünschten Häusern vermute ich ganz unpoetisch neckische Nachbarn oder Pfusch am Bau, hinter spukenden Autos den örtlichen Mechaniker, genauso wie vielleicht hinter dem Hausgeist den Hausfreund. Aber ich denke, sollte ich doch einmal in den Straßen von Valletta oder in einem Apartment einer übernatürlichen Erscheinung begegnen, würde ich sicher keine Angst haben. Schließlich sind die Malteser, so wie ich sie kennengelernt habe, ein äußerst anständiges Völkchen, die perfekten Gentlemen. Warum sollten die Geister da eine Ausnahme machen?

Bonġu Babylon!

Die maltesische Sprache

Wie sich die Geister Maltas untereinander verständigen, kann ich mangels Erfahrung nicht sagen. Doch die irdischen Malteser sind sehr stolz auf ihre Sprache, das Malti – nicht zu Unrecht, denn sie ist einzigartig. Auf Malta legt man Wert auf ihren phönizisch-karthagischen Ursprung. Aus diesem Grund stehe in der Bibel auch, dass die Leute, die den heiligen Paulus seinerzeit freundlich aufgenommen hätten, *bárbaroi* gewesen seien – also kein Latein oder Griechisch gesprochen hätten.

Tatsächlich ist Malti eine semitische Sprache. In seiner modernen Form hat es einiges mit dem Arabisch der Maghrebstaaten gemeinsam. Deshalb machen sich auch die wenigsten Touristen die Mühe, es zu lernen. Umso mehr, als die zweite Landessprache nach wie vor das sehr viel leichtere Englisch ist. Vor allem in Sliema findet man zahlreiche Malteser, die auch untereinander Englisch sprechen, sozusagen als Sprache der Schickeria.

Dennoch legen viele Malteser Wert auf das Malti, wenn sie unter sich sind. Ganz besonders deutlich merkt man das bei der Poesie, den Musikwettbewerben und bei der typischen Vorliebe für Spitznamen.

Die Liebe zur Poesie zeigt sich derzeit in einem Projekt, das Valletta gemeinsam mit Leeuwarden in den Niederlanden betreibt: Beide verbindet eine landwirtschaftliche Kooperation, sozusagen eine Kartoffelpartnerschaft. Im Vorfeld von Vallettas Rolle als europäische Kulturhauptstadt wurde sie zu einer Kartoffel-Poesie-Partnerschaft ausgedehnt.

Leeuwarden schickt jedes Jahr im Herbst Kartoffelsamen nach Malta, die dort dann gepflanzt und als fertige Kartoffeln zurückgesandt werden. Zwischen 2015 und 2018 wird den Säcken nun eine poetische Zugabe beigelegt: Schicken die Malteser im März ihre Kartoffeln in die Niederlande, findet jeder Käufer in seinem Sack auch ein Gedicht auf Malti (mit Übersetzungen ins Englische und Holländische). Umgekehrt legen die Niederländer ihre »Kartoffelpoesie« der Samensendung im Oktober bei, wo sie dann von den Maltesern gefunden werden kann. Das Projekt gehört zum Programm der Kulturhauptstadt 2018 und soll Kinder für Poesie begeistern – und für die Landwirtschaft.

Dass es sich lohnt, liegt auf der Hand. Poesie ist hoch angesehen. 2017 leistete sich Valletta ein internationales Literaturfestival, bei dem natürlich auch die eigenen Literaten vertreten waren.

Dabei war Malti lange keine geschriebene Sprache. In der modernen Form ist es wohl erst nach dem Ende der arabischen Herrschaft entstanden, als der Normanne Graf Roger I. von Sizilien (1031–1101) Malta übernahm. Jahrhundertelang war die Schriftsprache der Geistlichen und Gelehrten in ganz Europa Latein. Die Sprache der Literatur, des Handels und des Rechts war auf Malta Italienisch – und nicht Malti. Das dürfte darin begründet sein, dass Malta mit Sizilien eine Verwaltungseinheit bildete. Malti führte daneben eine Koexistenz als »Sprache für die Küche und die Werkstatt« (*lingwa tal-kċina*: Küchensprache) und blieb weitgehend mündlich. Mit dem Ergebnis, dass Malta seit gut tausend Jahren an Zweisprachigkeit gewöhnt ist und die meisten Malteser sie auch heute noch – jetzt mit Malti und Englisch – problemlos handhaben. Lange Zeit jedenfalls schrieb man (und frau) Gedichte auf Italienisch. Erst im 19. Jahrhundert setzte eine Bewegung ein, auch Malti zur Schriftsprache zu machen. Seit 1934 ist es neben Englisch die zweite Verwaltungssprache und löste hierin das Italienische ab.

Betrachtet man Malti-Texte in der Geschichte, kann man gut verfolgen, wie sich die Sprache entwickelt hat. Pietru Caxaros Gedicht *Il-Kantilena* (circa 1470–1485) gilt als das erste Gedicht in Malti und als das älteste erhaltene schriftliche Zeugnis überhaupt. Im Gegensatz zum modernen Sprachgebrauch enthält der Text kaum italienische und natürlich erst recht keine englischen Wörter. Die italienischen Vokabeln orientieren sich am damaligen latinisierenden Italienisch Süditaliens (*et* für *und*) und verwenden dort geläufiges Vokabular in ähnlicher Schreibweise, so etwa *vintura* (sizilianische Aussprache für italienisch *ventura*: Schicksal/Glück). Dennoch bilden die arabisch-semitischen Vokabeln eindeutig den Schwerpunkt. Natürlich existieren auch noch keine maltesischen Sonderzeichen. Die im lateinischen Alphabet fehlenden Laute sind umschrieben. Und tatsächlich ist die Nähe zum Arabischen hier noch so klar erkennbar, dass man den Text problemlos transkribieren und in arabischen Buchstaben besser lesen kann als in lateinischen. Auch einige typisch arabische Topoi sind zu erkennen, die an eine *qaṣīda* erinnern: jene polythematische arabische Gedichtform, die sich von vorislamischer Zeit bis in die Gegenwart erhalten hat und überall im arabischen Sprachraum (und darüber hinaus) produziert wurde. So werden gleich am Anfang die Nachbarn angesprochen, die Zeugen des Schicksals des Poeten wurden. Die Parallele zu den Stammesgenossen, die in der Qaṣīda ebenfalls am Anfang gern angesprochen werden, ist offensichtlich. Auch der allgemeine Kommentar des Dichters »wer den Ort wechselt, ändert auch sein Schicksal« verweist auf arabische Vorbilder, verwendet allerdings das italienische *ventura*. Die Thematik, das Beklagen eines eingestürzten Hauses, das auf Ton statt Fels gebaut war, ist hingegen ganz klar von der christlichen Bildsprache inspiriert.

Trotz dieser Ähnlichkeiten mit anderen Sprachen und Kulturen, trotz des *melting pot*, der die Inseln auch sprachlich immer waren, legen die Malteser ausgesprochen großen Wert auf die Eigenständigkeit des Malti. Sie fühlen sich klar Europa zugehörig und nicht der arabischen Welt. Und dies trotz des Flirts mit Libyen unter dem sozialistischen Dauerpremier Dom Mintoff in den Siebzigern, trotz zunehmender Wahrnehmung von arabischen Autoren und der Ähnlichkeiten zwischen arabischer und maltesischer Dichtung. Die Malteser sind überzeugte Europäer – mehr denn je, seit der tendenziell säkulare arabische Sozialismus fast überall gescheitert ist. Mit den radikalislamischen Kräften, die, gefördert durch Geld und Missionstätigkeit wahhabitischer Einflussnehmer, überall in der arabischen Welt aus dem Boden schießen, mit den daraus entstehenden religiösen Spannungen zwischen arabischen Muslimen und Christen und der Geschlechterapartheid wollen sie nichts zu tun haben. Was ja auch verständlich ist.

Obwohl die Emanzipation des Malti Parallelen zu der der modernen arabischen Sprache aufweist, gibt es auch deutliche Unterschiede. Der Ruf nach einer Verschriftlichung und Anerkennung des Malti ist alt. Schon Mikiel Anton Vassalli (1764–1829) forderte ausdrücklich die Entstehung einer Literatur auf Malti. Er lebte noch zur Zeit der Ordensherren. Von Dun Karm Psaila, dem späteren Volksdichter und Verfasser der Nationalhymne, haben wir bereits gehört. Erwähnenswert ist auch noch der erste Roman auf Malti, Anton Manwel Caruanas *Ineż Farruġ* von 1889, ein auch heute noch überall erhältlicher Klassiker, der inhaltlich an Manzonis *I promessi sposi (Die Verlobten)* erinnert. Die italienische Literatur war auf Malta wegweisend, und die Autoren schrieben im italienischen Stil noch lange, nachdem die ersten Texte auf Malti verfasst wurden.

Das Ansehen der Poesie auf Malta zeigt sich auch darin, dass Inhaber hoher Ämter, sogar ein ehemaliger Premierminister (Alfred Sant, 1996–1998), zu den angesehenen Schriftstellern zählen. Der Dichter Oliver Friggieri ist Professor für Malti an der University of Malta. Zudem äußert sich der Fortschritt bei der offiziellen Gleichstellung von Frauen darin, dass sie endlich (wieder) auch als Dichterinnen vertreten sind und explizit feministische Themen ansprechen, wie Simone Inguanez oder Nadia Mifsud.

Eine Sonderform, sozusagen poetische Aktionskunst, muss unbedingt in diesem Zusammenhang genannt werden: die Volksmusik Maltas, *għana* genannt (»Gesang«). Hier geht es nicht nur um die Musik – die ist oft eher einfach, da sie improvisiert wird –, sondern auch und besonders um die spontane Kreation von Texten, um Wortspiele und Vokabular, das man nicht jeden Tag hört.

Angeblich waren es zunächst die Frauen, die auf den Dächern beim Wäscheaufhängen (oder sonstigen Tätigkeiten, die man auf Malta auf dem Dach erledigt – und das sind einige!) diese einfachen Vierzeiler sangen und so gewissermaßen Klatsch austauschten. Möglicherweise auch in irgendeiner *għajn tal-ħasselin* (einem Waschhaus oder einfach einer felsigen Bucht mit flotter Strömung). Aber natürlich gab es auch Männer, die den (Neben-) Beruf als *għannej*, als Sänger, ausübten. Heute ist es eine fast ausschließlich männliche Domäne. Der formlose, oft improvisierte Charakter der Għana verweist einerseits auf die arabische und andererseits auf die sizilianische Improvisationsmusik.

Aus der arabischen Welt sind spontan improvisierte Gesangsduelle schon aus dem Mittelalter bekannt: Ein Sänger gibt eine Zeile vor, der andere muss im selben Versmaß und *maqām* (eine Art Tonart) erwidern. Auf Malti heißen diese Tonduelle *spirtu pront* – »Schlagfertigkeit« – und können als Event von mindestens einer Stunde inszeniert werden. Arabische und westliche Elemente greifen hier ineinander und verschränken sich, wobei die Musiksprache der Sänger vom arabischen Tonsystem beeinflusst ist, während die begleitenden Gitarren im europäischen Stil spielen. Die Verse enthalten gewöhnlich acht Silben und stehen irgendwo zwischen sizilianischer und arabischer Volksmusik. Das Thema kann vorgegeben sein oder sich spontan entwickeln. Wichtig ist, dass es von einiger Bedeutung ist, aber witzig und originell abgehandelt wird: zum Beispiel Politik, Gesellschaftskritik und so weiter. So ist der Spirtu Pront nicht nur ein Wettkampf, sondern hat auch eine typisch maltesische Eigenheit, nämlich das kabarettistische Element.

Zwei oder mehr Sänger sitzen sich gegenüber. Ist die Zahl einmal festgelegt, bleibt sie bis zum Ende des Wettkampfs erhalten. Der Erste singt einen Vers zum Thema, der vom anderen aufgenommen und beantwortet wird. Der Vers muss sich reimen und verwendet eine poetische, von der Alltagssprache abgehobene Ausdrucksform, bei der man nicht nur eine umfangreiche Kenntnis des Themas, sondern auch des Malti zur Schau stellen kann. Er spielt mit doppelten Wortbedeutungen, Anspielungen auf Sprichwörter oder idiomatischen Wendungen.

Ach, und man sollte vielleicht noch eines sagen: Der Wettkampfcharakter ist rein sportlicher Natur. Um sicherzugehen, dass es danach keine Fortsetzung mit den Fäusten gibt (was aber offenbar nur selten passiert), schütteln sich die Kontrahenten davor die Hände. »Wie beim Boxen, nur mit Worten«, hört man oft, wenn man danach fragt. Zwischen den einzelnen Versen improvisiert die Gitarre über bekannte Volksmelodien, sodass Zeit bleibt, sich eine Antwort auf die Phrase des Herausforderers zurechtzulegen. Da die Ansprüche an das Versmaß hoch sind (zum Beispiel durch die Vorgabe eines 7-7-7-8-Rhythmus), ist das auch nötig. Dieses Vor- beziehungsweise Zwischenspiel, das *prejjem* (nach der »ersten« Gitarre, der *prim*), legt gleichzeitig Tonart und Stil der Abfolge fest.

Im Sommer wird diese traditionelle Musik während des Għana-Fests gefeiert. 2017 fand es Ende Juni in Żejtun, Buskett und Birżebbuġa statt. Das Fest zieht mittlerweile auch Musiker aus anderen Mittelmeerländern an. Die Lieder zeigen sich inspiriert von Einflüssen aus Flamenco, Jazz und nordafrikanischer Musik. Traditionelle Għana-Wettbewerbe finden im Freien statt. Die Gitarristen spielen sitzend eine traditionelle Melodie, zu der die hinter oder seitlich von ihnen stehenden Sänger dann spontan eine oder zwei Zeilen Text improvisieren. Das kann theoretisch jederzeit und überall passieren, spontan auf der Straße oder auch im Café. Beim Għana-Fest ist dafür natürlich eine Bühne aufgebaut, die Vorstellungen dauern bis in die Nacht.

Typisch ist, dass die Zuschauer miteinbezogen werden, denn sie können jeden Vers mit Klatschen, Lachen oder auch Gejohle kommentieren. Berühmte Sänger wie Tony Camilleri oder der 1991 verstorbene Mikiel Abela »il-Bambinu« wissen beziehungsweise wussten das natürlich zu nutzen. Kontrahenten improvisieren witzige, pointierte und oft auch ein klein wenig boshaft-ironische Verse, die bisweilen nicht nur das Publikum zum Lachen hinreißen, sondern manchmal auch den Gegner oder gar den Sänger selbst. Dabei nehmen sie aufeinander Bezug und liefern sich nicht selten ein Wortgefecht, in dem sie einander Dinge an den Kopf werfen und den Gegner schon mal mit John Wayne vergleichen. Was diesen vor die Aufgabe stellt, auf »John Wayne« einen Malti-Reim zu finden – für einen Għana-Profi natürlich überhaupt kein Problem.

So ist ein Għana-Wettbewerb nicht nur ein sprachlich interessantes und typisch maltesisches Erlebnis, sondern für alle, die den Text verstehen, auch ein Riesenspaß. Die Musik kann man am ehesten noch mit sizilianischer Musik oder dem Fado vergleichen, hat aber ihren ganz eigenen Charakter, sodass jeder Vergleich letztlich nur eine grobe Vorstellung gibt.

Ein Denkmal für Mikiel Abela »il-Bambinu« kann man in seinem Heimatort Żejtun bewundern, einem Ort, aus dem traditionell viele *għannejja* (Sänger) kommen.

Lächelnd lässt er den Kreisverkehr am Vjal il 25 ta' Novembru um sich herumbrausen: im Schatten der Bäume, aber mitten im Leben der Kleinstadt. Wie ein Kind sieht er nicht aus, das Monument zeigt ihn als kleinen älteren Mann mit Halstuch, Hut und Gitarre. Damit gelangen wir zu einer weiteren Besonderheit des Malti, die sich im Alltag bemerkbar macht: den Spitznamen. Denn nicht nur die berühmtesten Għannejja haben Spitznamen. Es gibt immer noch Leute, die unter ihrem Spitznamen weit besser bekannt sind als unter ihrem Taufnamen. Traditionell charakterisiert er irgendeine Auffälligkeit des Trägers. Das muss allerdings nicht immer eine gute sein.

Das maltesische Wort für den Spitznamen *(laqam)* bezieht sich meist auf ganz konkrete körperliche oder Charaktereigenschaften.

Ein wichtiger Grund, warum auf der Inselgruppe die Spitznamen so populär sind, wird auch oft von Maltesern angeführt: Die Familiennamen sind hier, gelinde gesagt, begrenzt. Im Telefonbuch tummeln sich seitenlang die Abelas, Cassars, Mifsuds und Mintoffs, und da Malta noch immer sehr katholisch ist, bieten auch die Vornamen keine unbegrenzten Möglichkeiten, sie auseinanderzuhalten. So gibt es Kombinationen, die einfach sehr häufig sind, und wenn Sie einmal versuchen, die richtige Moira Cassar oder den richtigen Joe Mifsud im Telefonbuch zu finden, müssen Sie viel Geduld mitbringen. Da ist es schon günstig, wenn man am Telefon sagen kann, dass die gesuchte Moira Cassar die *żunżana* (Mücke, Hummel, Biene) ist.

Joseph Cassar Pullicino hat in den Fünfzigerjahren die sozialen Aspekte des Spitznamenwesens untersucht. Auf Malta sind die Spitznamen bereits seit Beginn schriftlicher Aufzeichnungen belegt. 1528 erfahren wir von einem Cosmo Bell'huomo (italienisch, heute: *bell'uomo*, schöner Mann), und bis heute ist der Spitzname Is-Sbejjaħ mit gleicher Bedeutung auf Malta verbreitet. Historische Spitznamen wie Navuzza für eine gewisse Vincenza Nava 1534 erinnern an die sizilianische Koseform auf *-uzza* (Santuzza von Santa dürfte aus der Oper *Cavalleria Rusticana* allgemein bekannt sein).

Cassar hat für seine Untersuchung auch ein Wählerverzeichnis von 1939 benutzt – woran zu erkennen ist, wie präsent die Spitznamen sind. Sogar in offiziellen Dokumenten tauchen sie auf. Einige maltesische Familiennamen sind auch heute noch als einstige Spitznamen erkennbar, die sich irgendwann vererbt haben – wie Fenech (Kaninchen), Psaila (Koseform von *basla*, Zwiebel, also: Zwiebelchen) oder Żahra (Orangenblüte).

Ein maltesisches Sprichwort sagt: *Skond għamlek, laqmek* – so wie du bist, ist auch dein Spitzname. Thema der Spitznamen sind daher oft besondere Fähigkeiten (il-Għannej, der Sänger) oder Eigenschaften wie il-Kutu, der Schweigsame. Auch ansonsten liebt man politisch nicht immer korrekte Benennungen körperlicher Auffälligkeiten wie it-Trux (der Taube), il-Niexef (der Dünne), il-Bedda (gozitanisch-sizilianisch für »schön«) oder gar tal-Pesta (der Pestkranke). Gemischte Gefühle hat bestimmt auch der Träger des Spitznamens Ħawli (unfruchtbar), während sich ein Buħames stolz seiner fünf Kinder rühmt, auf die der Name – hier mit dem westarabischen *bu* für *abū* (»Vater von«) – verweist.

Verwandtschaften können durch Spitznamen auch ganz konkret kenntlich gemacht werden, wie Ġanni tal-Ingliż (Johannes, Sohn aus der Familie des Engländers) oder Ġanni ta-Pawlu (Johannes Paulssohn). Auf Gozo wird häufiger als auf Malta der Name der Mutter verwendet.

Manchmal wechselt der Name auch, je nachdem, wo man sich befindet: Im Dorf der Mutter trägt man den Mutternamen, in dem des Vaters den Vaternamen. Doch meist bezieht sich ein Spitzname auf die Person selbst, also Ġanni il-Aħmar, Johannes der Rote beziehungsweise Rotgesichtige. Nicht selten sind Spitznamen abgeleitet aus anderen Sprachen, wie die genannte Navuzza oder il-Verigott *(very good)*. Und schließlich können auch Charaktereigenschaften und Weltanschauung den Spitznamen inspirieren, wie bei l-Apostlu (der Apostel) oder il-Kapriċċ (der Launenhafte). Katletti oder Ġelliedi (Nervensäge) verweisen darauf, dass das nicht immer schmeichelhafte Eigenschaften sein müssen.

Aber damit nicht genug. Sie können auf Malta durchaus jemanden antreffen, der oder die Frawla (Erdbeere), Berququ (Aprikose) oder Fażolu (Bohne) genannt wird. Ebenso beliebt wie alles Vitaminreiche sind Tiere. Wenn Sie also hören, wie jemandem Kavall (Makrele) nachgerufen wird, muss es sich nicht um ein Schimpfwort handeln. Wahrscheinlicher ist, dass Sie gerade einen Spitznamen gelernt haben. Selbiges gilt für das genannte Kaninchen, das auch ein ehemaliger Premierminister (Fenech Adami) im Namen führt.

Nicht einmal »Ratte« ist hier ein Schimpfwort: Manchmal im Diminutiv als »Rättchen«, Ġrejden, kann eine Person durchaus in aller Freundschaft so tituliert werden. Eindeutiger ist da schon Ġnibru (Gin), was durchaus auf eine einschlägige Vorliebe verweist. Ob sich diese Bezeichnungen auf das Aussehen, besondere Vorlieben oder den Beruf beziehen, zeigt sich natürlich erst, wenn man die so titulierte Person auch kennt. Und so kann ein Spitzname manch unliebsame Wahrheit ans Licht bringen.

Das gilt sogar für eine auf den ersten Blick eher harmlose Kategorie, nämlich die Berufsbezeichnungen. So mancher Malteser nennt sich stolz il-Kaptan (der Kapitän), aber auch il-Kuċċier (Kutscher) oder moderne Handwerksbezeichnungen sind verbreitet. Qaleb (eine Form, in der Frischkäse zubereitet wird) verweist auf eine eigene Käserei.

Ehrlicher allerdings, als so mancher Stammmutter vielleicht lieb sein mag, sind die »Berufe«, die auf ungewöhnliche Ahnen verweisen. So kann der Name tal-Konti (vom Grafen) adlige Vorfahren legitimer, allerdings durchaus auch illegitimer Art andeuten. Klarer wird das bei arabischen und türkischen Titeln wie il-Qajd (aus dem Arabischen abgeleitet: Anführer) oder tal-Baxan (vom Pascha). Nun sind türkische Titelträger als legitime Ahnen zwar in der maltesischen Geschichte eher ungewöhnlich, aber durchaus noch denkbar. Besonders interessant wird es aber bei Namen, die – Keuschheitsgelübde hin oder her – auf Titel der Malteserordenshierarchie verweisen! So erkennbar bei tal-Kavalier (vom Ritter) oder tal-Balliju (vom Bailli). Man braucht nicht viel Fantasie, um daraus zu schließen, dass auch bei den Malteserherren der Geist zwar oft willig, das Fleisch jedoch schwach war. Und so wird die Spitznamenskunde unversehens zu einem äußerst lebendigen Panorama maltesischer Mikrogeschichte.

Sogar fragwürdige Berufe wie tal-Kursar (vom Piraten) oder tal-Furban (in etwa dasselbe, vermutlich abgeleitet vom italienischen *furbo*: Gauner, raffiniertes Schlitzohr; im Italienischen oft als Kompliment verwendet) finden sich. Omnipräsent ist natürlich alles, was mit dem Meer zu tun hat, und so gibt es neben Makrele, Pirat und Leuchtturmwärter (Barkun) auch Baħri (Seemann) und tal-Nassi (vom Fischernetz). Wenn jemand hingegen den Namen tal-Qaxqax Għadma in der Familie führt, waren seine Vorfahren wohl so arm, dass sie Knochen abnagten. Und Harry-Potter-Fans sei gesagt, dass es den Spitznamen Il-Saħħar (Zauberer) schon lange auf Malta gibt. Womöglich findet man am Tritonenbrunnen vor Valletta, dem zentralen Busbahnhof, sogar einen Bussteig 9 ¾, von dem ich Muggel nichts weiß. Eine Eisenbahn gibt es auf Malta allerdings nicht (mehr).

Selbst der kalabrische Maler Mattia Preti, der auf Malta so ziemlich für jedes zweite Altarbild verantwortlich zeichnet, bekam einen Spitznamen: natürlich il-Kalabriż, der Kalabrese. Derart geografische Spitznamen gibt es nicht nur bei ihm, wie tal-Isqalli (des Sizilianers) oder, als Religionszugehörigkeit, tal-Brejku (des Juden) beweisen.

Achten Sie also darauf, was Sie von sich preisgeben, denn Sie könnten schneller einen Spitznamen weghaben, als Ihnen lieb ist. Der bleibt Ihnen ein Leben lang erhalten, egal, was passiert. So wurde Mikiel Abela noch als alter Mann »il-Bambinu« gerufen: das Kind.

Wie bei allen semitischen Sprachen braucht man als Europäer ein wenig Sprachbegabung, um sich ins Malti einzuarbeiten. Als ich als Schülerin Malti zu lernen begann, gab es weder Kurse noch Lehrbücher auf Deutsch. Sprachlich gesehen, bin ich deshalb ein Kind der ganzen Insel: Zahllose Kellner, Kuratoren, Restauratoren, Zollbeamte, Händler, Fremdenführer und selbst Polizisten arbeiteten ehrenamtlich und mit großem Elan an meiner sprachlichen Integration.

Die Grammatik des Malti ist in vieler Hinsicht die einer semitischen Sprache. Vereinfacht gesagt, ist die Morphologie arabisch, der Satzbau allerdings oft italienisch. Das Vokabular setzt sich größtenteils aus semitischen (aufs Arabische verweisenden) und dem Italienischen verwandten Wörtern zusammen. Allerdings werden auch englische und wenige französische Lehnwörter verwendet. Es ist nicht immer eindeutig, nach welchen Kriterien eher arabisches oder italienisches Vokabular verwendet wird. So heißt in der Familie die Mutter zwar *omm* (arabisch: *umm*), die Tante aber *zija* (italienisch: *zia*). Beim Mobiliar nennt man den Spiegel *mera* (englisch: *mirror*), die Lampe aber *lampa* (italienisch natürlich), und das Kissen *mħadda* (arabisch). Die Wochentage haben arabische Namen, die Monate italienische.

Besonders schön manifestiert sich dieser Mix aus romanischen und semitischen Elementen in dem geläufigen Ausdruck für »Danke«: *grazzi ħafna*, in dem beide harmonisch vereint sind. Morgens begrüßt man sich mit *bonġornu* oder *bonġu* und abends mit *bonasira*, hält es also eher italienisch-französisch, während der ganz ordinäre Spatz auf Malti den hochtrabenden arabischen Namen *għasfur tal-bejt* (wörtlich etwa »Hausvogel«) führt. Oft genug gibt es sogar zwei Wörter für dieselbe Sache, ein arabisches und ein italienisches.

So haben alle Invasoren auch verbal ihre Spuren hinterlassen. Das italienische Vokabular scheint in den Jahrhunderten nach und nach zugenommen zu haben. Flektiert wird es allerdings nach wie vor arabisch, und das genießen natürlich vor allem jene, die beide Sprachen beherrschen. Ich habe regelmäßig verzückte Aha-Erlebnisse, wenn ich ein neues Wort kennenlerne. Denn natürlich wird es, wie in allen semitischen Sprachen, in die Konsonanten zerlegt und muss erst einmal als italienisch erkannt werden, bevor sich die Erkenntnis einstellt. So liest sich *jiddispjaċini* für »tut mir leid« zunächst einmal fremd. Wenn man es allerdings zerlegt in das Präfix fürs Präsens, den Wortstamm und das Personalsuffix, erhält man *jid-dispjaċ(i)-ni*. Und das klingt doch schon sehr nach *mi dispiace* …

Aber keine Angst. Sie müssen nicht Malti lernen. Wie gesagt: Englisch ist zweite Amtssprache in Malta, und Sie werden sich überall problemlos verständigen können. Ein paar kulinarische Besonderheiten möchte ich Ihnen allerdings gern noch in dieser Sprache ans Herz legen.

Aljotta ist kein Mädchenname

Essen und Trinken

Die maltesische Sprache mag für manche ihre Tücken haben. Die wichtigsten Begriffe fürs Essen und Trinken sind aber doch schnell verinnerlicht – im wahrsten Sinne des Wortes. Und deshalb machen wir einen kleinen Ausflug in das Reich der Sinne.

Die maltesischen Inseln liegen im Mittelmeer, und aus dem kommt logischerweise ein guter Teil der Küche. Es ist nicht überraschend, dass vor allem Fisch auf dem Speisezettel der Malteser steht, die auf diese Art eine gesunde mediterrane Ernährung mit noch immer erkennbaren britischen Einflüssen kombinieren.

Um sich auf das Thema Fisch einzustimmen, hilft ein Besuch in Marsaxlokk. Die weite Bucht liegt an der Südostküste Maltas und ist nicht nur berühmt für die sanft dümpelnden *luzzi* und die entsprechenden Restaurants, sondern vor allem wegen des sonntäglichen Fischmarkts.

Marsaxlokk bedeutet Schirokko-Hafen oder auch Südosthafen. Während der Großen Belagerung landete hier die türkische Flotte, doch das kriegerische Getöse ist heute nicht mehr zu ahnen. Auf der Hafenmauer sitzen die Fischer und sortieren ihre Netze. Die allgegenwärtigen Katzen warten, wie die Orgelpfeifen aufgereiht, ob auch für sie etwas abfällt. Marsaxlokk versorgt fast ganz Malta mit Fisch, der ansonsten auf den großen Fischmärkten im Gebiet des Grand Harbour verkauft wird. Aber am Sonntagmorgen bleibt der Fang am Ort. Dann herrscht hier an der kleinen Meerpromenade reges Treiben. Die ganzen Schätze der See sind hier ausgebreitet: Schwertfisch, Makrele, Seebrasse ... In den Restaurants an der Promenadenstraße, dem Xatt is-Sajjida, sitzen dann später die Touristen und essen, was der Markt am Morgen hergegeben hat – und was nicht in den Restaurants von Sliema und den anderen Städten gelandet ist.

Ab dem späten August sind das vor allem *Lampuki*. Die Lampuka ist das Rückgrat oder besser die Hauptgräte der maltesischen Küche. Die Inseln liegen genau auf ihrer Wanderroute. Vom 15. August bis Ende Dezember ist Lampuki-Saison. Die Gemeine Goldmakrele, wie die Lampuka auf Deutsch heißt (auf Englisch *dolphinfish* oder *dorado*), wird bis über zwei Meter lang und vierzig Kilo schwer und ist vor allem aus tropischen Gewässern bekannt. Doch die Exemplare, die auf Malta gefangen werden, wiegen gewöhnlich nur ein bis anderthalb Kilo. Der Fisch eignet sich für die verschiedensten Gerichte: ob gebraten über dem offenen Feuer, mit Zitronensoße, mit Tomaten und Kapern. Und natürlich, als Inbegriff maltesischer Kochkunst: als *Torta tal-Lampuki*. Eine deftige Fischpastete, bei der die Lampuka zuerst gebraten wird, mit Tomaten, Kapern, Oliven, Zwiebeln und Spinat köchelt und dann im Pastetenteig (ähnlich wie *Fillo*-Teig; ein sehr dünner Blätterteig) noch im Ofen fertig gegart wird. Vermutlich gibt es keine Malteser, für die der Duft der Lampuki-Torta nicht ein Stück Kindheit bedeutet.

Die Torta riecht nach Süden und nach Meer. Fast alles wird hier mit Knoblauch und Kräutern gewürzt. Thymian wächst wild auf den Felsen, und wenn man auf den Klippen steht, mischt sich oft der würzige Duft in die salzige Luft.

Comino, das winzige Eiland zwischen Malta und Gozo, hat sogar seinen Namen von dem wilden Kümmel, der hier früher überall wuchs (auf Malti *Kemmun*; *Kemmuna*). Verlässt man einmal die überfüllten Felsstrände der Blauen Lagune und geht ein Stück über vertrocknetes Gras und Kalksteinfelsen ins Innere der Insel, steht man zwischen struppigen Hartgrasbüscheln und findet neben Agaven und Feigenkakteen immer wieder Fenchel, Thymian und Sauerampfer. Heute leben nur noch drei Menschen auf Comino, abgesehen vom Personal des einzigen Hotels, das hier im Sommer geöffnet ist – und dem Pfarrer, der mit dem Boot von Għajnsielem auf Gozo herüberkommt, um in der Kapelle auch für seine hiesigen Schäflein die Messe zu lesen. Früher waren es weit mehr, in den Dreißigerjahren wurde sogar Landwirtschaft betrieben, im Mittelalter Kümmel angebaut. Aber im Lauf ihrer Geschichte war die Insel nicht nur Gewürzlieferant, sondern auch Piratennest, Militärstützpunkt, Gefängnisinsel und Quarantänestation.

Von den Johannitern zeugt der St. Mary's Tower, den Alof de Wignacourt 1618 erbauen ließ, um rechtzeitig vor Angriffen gewarnt zu sein. Heute ist der Turm zum Aussichtspunkt umgebaut, und man blickt von dort direkt auf die Blaue Lagune. Wege gibt es kaum auf Comino. Außerhalb der Saison fühlt man sich hier wirklich wie Robinson. Zwischen wildem Thymian und Fenchel im Frühling oder Sommer, wenn die Insel bedeckt ist von gelben Blüten, hinter denen sich die türkisfarbene Lagune ausbreitet.

Das Salz, das überall in der Luft zu hängen scheint, wird nicht weit entfernt auf Malta und Gozo gewonnen. Manche der alten Salzpfannen werden noch heute genutzt: aus dem Felsufer geschlagene seichte Becken, in denen sich Gischt und Brandung sammeln und beim Verdunsten das Salz und den Geschmack des Meers hinterlassen. Er gibt auch der Torta tal-Lampuki ihr unverwechselbares Aroma.

Torta, also Pastete oder Pie, wird auf Malta süß und herzhaft in allen Variationen gegessen. Als *Pastizz* mit Ricotta ist sie eine hervorragende Beilage zum Wein und ein beliebtes Take-away-Gericht. Fett und schwer wird sie als *Timpana*, gefüllt mit Makkaroni (natürlich aus Italien: unvermeidlich, wie bei jeder Hassliebe), Tomaten, Schinken, Ricotta, Karotten, Bohnen und Erbsen. Aus der britischen Zeit stammt ein bescheidenes Essen, das dem Vernehmen nach besonders im Zweiten Weltkrieg üblich war: die Torta mit Corned Beef *(Torta tal-Bulu Bijf)*, bei der das Fleisch mit Tomaten, Zwiebeln, Kartoffeln und Karotten in den Teig kommt.

Ein weiterer Fisch, der auf Malta je nach Saison auf den Tisch kommt, ist der *Pixispad*. Pixi-spad ist natürlich verwandt mit dem italienischen *pesce spada* und bedeutet Schwertfisch. Gegrillte Schwertfischscheiben mit Zitronensoße schmecken ganz fantastisch, genauso wie Oktopus mit Knoblauch oder, als gozitanische Spezialität, Seeteufel mit Kapern und Oliven.

Wenn Sie auf der Speisekarte eine *Aljotta* sehen, wundern Sie sich nicht: Aljotta ist kein Mädchenname und auch kein Aioli, sondern schlicht das maltesische Wort für Fischsuppe. Auf Malta isst man sie ganz einfach, mit viel Zwiebeln und Knoblauch, mit Tomaten, Zitrone und etwas Reis. Und verfeinert natürlich mit Anisette, einem Anisschnaps, den man in Deutschland beim Nachkochen aber notfalls auch durch Ouzo oder Pernod ersetzen kann.

Singvögel finden Sie zum Glück nicht (mehr) auf den Speisekarten. Wohl aber ein anderes süßes Tierchen, das man für sensible Kleinkinder vielleicht nicht übersetzen sollte: *Fenech* nämlich, also Kaninchen. Man genießt es vor allem im Landesinneren, in Mdina, oder auf Gozo, wo die etwas stärkere Vegetation für gute Lebensbedingungen sorgt. Auch wenn es für Kinder oft schwer verständlich ist, wie man ein solches Tier essen kann: Kaninchen waren eben billig, leicht zu halten und angesichts des notorischen Platzmangels auf den Inseln einfach wirtschaftlicher als Schweine oder Kühe. Ganz besonders wenn man daran denkt, dass die maltesischen Inseln bis ins späte 20. Jahrhundert hinein noch bitterarm waren und sich Familien durch einen eigenen Kaninchenstall zuverlässig die sonntägliche Fleischmahlzeit sichern konnten.

In früheren Zeiten wurden die Kaninchen noch wild gefangen. Doch der Malteserorden untersagte die Jagd, allerdings weniger aus Sympathie für die putzigen Kerlchen als im eigenen Interesse. Kaninchenjagd war nämlich nun den Ordensmitgliedern vorbehalten. Überflüssig zu sagen, dass sich auf Malta niemand darum scherte. So waren die Wildkaninchen beträchtlich dezimiert, als der Orden schließlich die Inseln verließ. Danach züchtete und mästete man die Tiere im hauseigenen Stall. Theoretisch kann man sie heute auch importieren, aber die Malteser essen nach wie vor lieber die eigenen beziehungsweise einheimischen Kaninchen.

Ein echtes maltesisches *Stuffat tal-Fenech* (Kaninchenschmortopf) wird – wie fast alles – mit Zwiebeln, Knoblauch und Tomaten zubereitet und lange in Wein gekocht. Es ist natürlicher Mittelpunkt einer *Fenkata*, eines opulenten Kaninchenessens, bei dem sich alles um das possierliche Tierchen dreht. Allerdings leider nicht lebend. Wer gern ausgiebig und pantagruelisch speist, dem sei empfohlen, die Einladung zu einer Fenkata unbedingt anzunehmen! Wer abnehmen will, sollte es besser lassen.

Eine Fenkata entwickelt sich oft spontan – maltesische Mütter kochen schon mal auf Vorrat gleich drei Kaninchen, von denen für die Katzen wenig übrig bleibt. Zentraler Höhepunkt ist natürlich das Stuffat mit Kartoffelbeilage, die traditionell mit Rosmarin und Fenchelsamen gewürzt werden. Aber auch die Innereien landen auf dem Teller, meist als Soße zum *primo piatto*: Spaghetti mit Kaninchensoße. Als Appetizer kommt die maltesische Version der Bruschetta auf den Tisch, *Ħobz biż-żejt* (wörtlich: Oliven(öl)brot), und, wie in Ägypten, *Bigilla*, eine Bohnenpaste, die man ebenfalls auf Brot streicht (Vorsicht, das ist nur ein Appetizer! Akuter Sättigungsalarm!), oder je nach Jahreszeit auch Schnecken oder eine *Minestra*, eine Gemüsesuppe. Übrigens: Wenn Sie auf der Speisekarte eines Restaurants eine Fenkata finden, ist das natürlich nur ein Nudelgericht mit Kaninchensoße.

Trotzdem bleibt diese opulente Tischkultur natürlich nicht ohne Folgen. Umso mehr in Zeiten, in denen sie nicht mehr Teil eines lange erwarteten Fests ist, sondern jederzeit praktiziert werden kann. Die maltesischen Mädchen gelten derzeit als die übergewichtigsten Europas. Allerdings muss man sagen, dass sich in Sachen Körper- und Gesundheitsbewusstsein viel tut. Das Ranking wurde durchaus als Weckruf verstanden – gerade weil es in eine Zeit fällt, in der man zunehmend um Fitness und gutes Aussehen bemüht ist.

Vegetarier haben es dennoch auf Malta traditionell schwer. Wer die Kaninchen verschmäht, muss aber dennoch nicht hungern. Maltesische Ravioli – *Ravjul* – werden gewöhnlich mit Käse gefüllt. Und ungeachtet der Tatsache, dass man die Italiener im Zweiten Weltkrieg als *Maccaroni* beschimpfte, ist ihre Küche auf Malta natürlich nicht wegzudenken. Besonders beliebt sind die einst so geschmähten Nudeln als Auflauf, *Imqarrun il-forn*. Dafür kocht man sie bissfest und schiebt sie dann mit Hackfleisch, Zwiebeln, Eiern und Tomaten in den Ofen. Nimmt man statt Makkaroni Reis, heißt das Gericht *Ross il-forn*.

Die liebste Beilage der Malteser, die auch in Soßen und Aufläufen Verwendung findet, ist, neben Zwiebeln und Kapern, die Tomate. Hier is(s)t man ganz italienisch. Die Malteser legen großen Wert auf frisches Gemüse – kaum jemand kauft seine Tomaten im Supermarkt. Nicht nur weil die Supermärkte – meist italienischer Ketten – verhältnismäßig teuer sind, sondern auch deshalb, weil der Wochenmarkt zum Leben in Malta einfach dazugehört. Hier trifft man Nachbarn und Freunde, hält hie und da ein Schwätzchen und deckt sich mit Fisch und Gemüse ein. Wenn es nur ums Gemüse geht und es auch ein bisschen teurer sein darf, haben die Malteser allerdings noch eine weitere Anlaufstelle: Selbst in den Nebenstraßen des schicken Sliema ist der regelmäßig anfahrende morgendliche Verkaufsstand nicht wegzudenken. In Valletta kommen die Bauern mit der Ape, dem kleinen Lastmotorrad, aus dem Umland, um Obst und Gemüse immer frisch anzubieten. Wo mehr Platz ist, sieht man motorisierte Stände. Hier bekommt man dann auch ab Mitte August meine geliebten Kaktusfeigen.

Als ich das erste Mal auf Malta war, kam noch der Bauer mit seinem Karren morgens angefahren, parkte Karren samt struppigem Pferdchen mitten auf der Straße und weckte das gesamte Viertel mit seinem lang gezogenen »Tomatoooos!« und dann wieder »Tomatoooos!«. Spätestens jetzt wurden die letzten Nachzügler wach und begannen, sich um den Karren zu scharen. Der stolze Inhaber besaß eine uralte riesengroße Waage, auf der er das Obst von Hand mit schweren Eisengewichten abwog. Für uns Kinder (wobei er »Kind« recht großzügig definierte) gab es auch immer wieder eine Aprikose umsonst, die er uns mit einem Augenzwinkern in die Hand drückte. Ich wurde eine ziemlich gute Kundin bei ihm und meldete mich jedes Mal bereitwillig zum Einkaufen. Auch er hat übrigens an meiner sprachlichen Sozialisation mitgeholfen.

Die *Tomatooos* werden am liebsten mit reichlich Kapern und allem, was dick und glücklich macht, verspeist. Wenn Sie im Zweifel sind, ob Sie in einem echten maltesischen Restaurant eine große oder kleine Portion nehmen sollen, nehmen Sie die kleine. Die maltesische Küche ist nichts für Figurbewusste. Und auch nichts für Allergiker oder Anhänger diverser Speisetabus, selbst der geläufigsten. Zwar findet man auch hier zunehmend vegetarische und sogar vegane Kost (manche Spezialitäten sind das sogar von Natur aus, allerdings meist die Vorspeisen: etwa die Bohnenpaste). Dennoch herrscht auf Malta noch immer die Ansicht vor, dass vegetarisches Essen Kaninchenfutter ist. Oder eben Vorspeise.

An dieser Stelle noch ein paar Worte zum Brot, auf das die Malteser sehr stolz sind. Das echte maltesische Brot ist innen weich und zergeht auf der Zunge, außen hat es eine harte, knusprige Kruste. Harte Schale, weicher Kern – so mancher maltesische Mann sieht sich ähnlich (zur Selbsteinschätzung der maltesischen Männer später mehr). Der Begriff »Küchenpsychologie« gewinnt hier eine ganz neue Bedeutung. Harte Männer sind in den Augen vieler tatsächlich nötig, um mit den schweren Blechen zu hantieren und das Brot zu backen: Bäckereien sind oft winzig und produzieren für kaum mehr als den eigenen Bedarf und ein paar Nachbarn. Ein gemauerter Ofen im Souterrain, ein ganzer Kerl mit Teig und Blech, ein Fernseher mit Sportsender, vielleicht ein Kumpel oder die Ehefrau zur Gesellschaft – mehr braucht es nicht. Ach so, doch: die Rollläden, um den Laden schnell schließen zu können.

Brot wird mehrmals täglich gebacken, weil es nur ganz frisch akzeptiert wird. Es ist unverzichtbar und omnipräsent: ob mit Oliven, *Ġbejnet* (Käse) und Bigilla oder einfach als Ħobz biż-żejt mit Tomaten, Kapern, Minze und Olivenöl, manchmal auch Schafskäse und den überall präsenten Anchovis. In dieser Form essen es die Familien am Strand im salzigen Wind und holen sich warme, aromatische Sommerdüfte direkt in die Picknicktüten. Für den kleinen Hunger gibt es tagsüber während des ganzen Jahres fast überall *Ftira* zu kaufen, kleine gefüllte Fladen.

Natürlich verweisen auch die Desserts und Snacks wieder auf die vielen Invasoren: *Pastizzi* – gefüllte Blätterteigtaschen –, *Imqaret* (Dattelpasteten) und *Qubbajt* (türkischer Honig) auf die Araber. *Figolli* – Osterkuchen mit Mandeln in Form von Herzen, Rittern oder was eben die Fantasie des Konditors hergibt – und *Kannolli* (Teigrollen mit Ricotta und kandierten Früchten) auf Italien. Und der *five o'clock tea* auf die Briten.

Pastizzi kann man süß oder mit Käse füllen; vor allem auf Gozo gibt es sie als Cheesecakes mit Ricottafüllung überall zu kaufen. Ein perfekter kleiner Snack für zwischendurch oder zu einem Glas Wein. Aber Vorsicht – auch die Pastizzi sind sehr gehaltvoll. Ich sollte vielleicht erwähnen, dass der Ricotta mit Ei angerührt wird, bevor er in den Teig kommt.

Imqaret sind eine Art Fruchtpie, gefüllt mit einer Dattelpaste. Ein Feuerwerk der Geschmacksrichtungen aus Fruchtsüße, Mandeln, süßem Teig und Orangenschalen sowie einem Schuss Anisette. Die gefüllten »Diamanten« (das bedeutet *imqaret*, Singular: *maqrut*) werden in heißem Öl frittiert und sofort serviert, in Restaurants auch gern mit etwas Vanilleeis. Wer sie nicht selbst zubereiten will, kann sie fast überall auch fertig kaufen. Vorsicht, akute Suchtgefahr! Mein Mann wird auf Malta jedes Mal schwach, wenn er die Imqaret (oft als »Maltese Dessert« angeboten) auf der Speisekarte sieht. Und wenn er nach der Rückkehr nicht regelmäßig Low-Carb-Tage einlegen würde … Sie wollen wissen, was ich selbst davon halte? Nun werden Sie bitte nicht indiskret. Nur so viel: *Diamonds are a girl's best friends …*

Viele maltesische Süßspeisen sind saisonal begrenzt. Im Interesse der eigenen Figur ist das auch kein Schaden, denn wie Sie sich schon denken können, sind sie allesamt keine Diätrezepte. Die *Prinjolata*, ein schwerer, mit Früchten und Schokolade verzierter Kuchen mit Pinienkernen, wird traditionell zum Karneval gebacken. Das Ostergebäck ist die Figolla, ein Mandelkuchen mit einer Füllung, die marzipanähnlich schmeckt. Verziert wird sie mit allem, was die Fantasie hergibt. Unverzichtbar ist bei den meisten Hausfrauen allerdings bis heute das Osterei, das in die Mitte kommt. Nicht nur für Kinder reizvoll sind die unterschiedlichen Formen, in denen es die Figolla gibt. Die einen formen sie als Herzen, die anderen als Fische und wieder andere als Menschen. Um Ostern herum gibt es die besten in den Cafés am Republic Square in Valletta. Das ist die Zeit, in der Sie an den Theken der einschlägigen Cafés mit Rippenstößen rechnen müssen. Auch von mir. Mit ganzem Ellenbogeneinsatz und der Energie einer Jägerin kämpfe ich mich jedes Mal durch eine Traube von Einheimischen und Touristen bis nach vorn. Da liegen sie dann, die Köstlichkeiten: Ritter, Geistliche, Türkenkrieger aus Kuchen, verziert mit buntem Zuckerguss. Meine erste Figolla war – was auch sonst – ein Malteserritter. Eigentlich war mir der Kamerad in seinem langen leckeren Waffenrock zu schade zum Essen, aber was sollte ich machen? Gegen den Mandelduft hatte der hehre Vorsatz keine Chance.

Auch zu Weihnachten gibt es ein typisches Gebäck: *Qagħaq tal-għasel.* Für alle, die »aa-a' tal-aasel« nur schwer aussprechen können: Fragen Sie nach *Honey Rings*, also Honigringen. Inzwischen bekommt man sie fertig abgepackt das ganze Jahr über. Gefüllt werden sie mit Sirup (ursprünglich mit *Qastanija*, einem Honigsirup), Zimt, Anis, Kakao, Orangenblütenwasser und Zitrusschale – auch hier ist wieder der arabische Einfluss erkennbar. Allerdings wurde er durch die Verbindung mit Weihnachten unmissverständlich christianisiert.

Wenn Sie jetzt schon vom Lesen so gesättigt sind, dass Sie sich erst einmal ausruhen müssen – kein Problem. Nehmen Sie sich nur etwas zu trinken mit! Die Nummer eins neben dem maltesischen Wein ist: Kinnie, eine bittere Orangenlimonade mit Kräutern. Nichts schmeckt besser im Schatten einer Pinie, während einen der stets präsente

Seewind umstreicht und die Zikaden mit Pressluft-hammerlautstärke zirpen. Der Name dürfte vom gut drei Jahre älteren italienischen Chinotto abgeleitet sein, und wie bei diesem ist die Bitterorange, deren Saft zum Beispiel auch für die Herstellung von Campari verwendet wird, ein wichtiger Bestandteil. Daneben werden noch diverse Kräuter und vor allem Wermut verwendet, der für den charakteristischen Geschmack sorgt.

Begonnen hat alles 1952, als der Hersteller eine Alternative zu Cola produzieren wollte. Mit durchschlagendem Erfolg: Kinnie ist auf Malta quasi omnipräsent, Sie werden ihm nicht entgehen. In Restaurants, an Ständen, in jedem Privathaushalt – überall ist der leicht bittere Durstlöscher, den man mit einer Orangenscheibe serviert, zur Stelle. Seit 1984 gibt es eine Diätversion, seit 2007 das zuckerfreie und etwas stärker von der Orange dominierte Kinnie Pfiff, das vor allem Kinder meist lieber mögen.

Bier *(birra)* wird auf Malta ebenfalls gern getrunken. Das einheimische Bier heißt Cisk und stammt vom selben Hersteller wie Kinnie. Hier macht sich, genau wie beim *five o'clock tea*, das britische Erbe bemerkbar. Während das Bier in Bars und auf Ausgehmeilen überall verbreitet ist, trinkt man den Tee traditionell, zum Beispiel auf und unterhalb der Stadtmauern von Mdina oder gleich im altehrwürdigen Hotel »Phoenicia« in Floriana, quasi vor den Stadttoren Vallettas, wo der britische Charme mit all dem dazugehörigen Staub zelebriert wird.

Der Wein hingegen hat französische und italienische Ahnen, und das sind nicht die Soldaten Napoleons, die 1798 hier aufkreuzten. Nein, es waren vor allem die französischen Ordensritter. Sie führten gewissermaßen als erste Amtshandlung auf Malta ihre heimischen Trauben ein und produzierten schon im 16. Jahrhundert Wein.

Heute noch präsentieren sich die maltesischen Weine vom Stil her französisch oder italienisch, neuerdings auch international. Die Trauben sind meist Cabernet Sauvignon, Syrah und seit einiger Zeit auch Chardonnay. Allgemein sind die Weine aus dem wasserreicheren Gozo weniger herb als die aus Malta. Da die Anbaugebiete klein sind und die Nachfrage gestiegen ist, müssen allerdings Trauben aus Italien dazugekauft werden. Insofern sind die Produkte der großen Hersteller nicht unbedingt rein auf Malta und Gozo gewachsen. Kleinere Hersteller liefern einen Teil ihrer Ernte meist an die großen Firmen. Der Rest wird entweder selbst getrunken oder flaschenweise verkauft.

Die großen Firmen bieten Weinproben an, aber inoffiziell lässt sich auch privat eine Weinprobe organisieren – einfach fragen! Im August lockt das Delicata Wine Festival Besucher in die Upper Barrakka Gardens in Valletta, wo man im Grünen und mit Blick über den Großen Hafen (bisweilen akustisch untermalt von Böllerschüssen) in aller Ruhe das passende Lieblingsgetränk suchen kann.

Malta hat keine berühmten Lagen wie Frankreich, hier gibt es keine Côte d'Or. Doch wer gute Weine zu absolut vernünftigen Preisen bekommen möchte, wird nicht enttäuscht werden. Die teuersten maltesischen Weine liegen bei 30 Euro, günstige erhält man schon für wenige Euro. Als typisch gozitanisch gilt der Marnisi von Marsovin. Die Firma Meridiana produziert mit dem Isis auch Chardonnay. Einer der günstigeren Weine von Delicata, La Valette, ist benannt nach dem Großmeister, der die Türken das Fürchten lehrte und später die Hauptstadt Valletta bauen ließ. La Valette ist der offizielle Wein zur Kulturhauptstadt. Sein Etikett ziert derzeit das Schwert, das der Großmeister von Philipp II. von Spanien für den Sieg in der Großen Belagerung erhielt.

Auffallend ist die große Produktion von Süß- und Dessertweinen auf Malta. Vermutlich hängt das auch mit der traditionellen Trockenheit zusammen – wenn die Trauben fast schon Rosinenqualität haben, kann so noch immer Wein produziert werden. Und obwohl die Bewässerung heute kein größeres Problem mehr darstellt, hat sich der Süßwein gehalten.

Alternativ empfehle ich Ihnen Maltas Anisette – einen der vielen im Mittelmeerraum so beliebten Anisschnäpse. Was in Frankreich der Pernod, in Griechenland der Ouzo, in der Türkei der Raki und in Syrien der Arrak ist, ist den Maltesern Anisette. Fast jeder Süßigkeit wird dieser Schnaps beigemengt, er gehört in die Aljotta ebenso wie in die Datteldiamanten.

Wenn Sie jetzt völlig gesättigt sind, verstehe ich das. Machen Sie ein Schläfchen, halten Sie Siesta. Das tun die Malteser auch. Aber machen Sie es sich nicht zu gemütlich. Im nächsten Kapitel klirren die Säbel.

Liebesnester, Schutzräume, Spielplätze

Maltas Höhlen und Küsten

Mit seiner von Höhlen förmlich durchlöcherten Küste ist Malta wie geschaffen für Piratenfilme. Aber nicht nur wer das Licht scheute, ließ sich in früheren Zeiten in Höhlen nieder. Die Lage im zentralen Mittelmeer und die zerklüftete Küste haben die Inselgruppe geprägt. Von jeher war sie Durchgangsstation, umkämpfter Vorposten oder Rückzugsort. Und heute sind es wieder die Küsten, die nicht nur Sporttaucher und Abenteurer von außerhalb anziehen, sondern auch die Malteser selbst.

Wie alt die Besiedlungsgeschichte der Inseln ist, beweisen sichtbar die Tempel. Doch steigt man in die Höhlen, sieht man, dass sie noch weiter zurückgeht. Die Höhle Għar Dalam (Höhle der Finsternis), wo vor den Menschen schon andere Säugetiere Zuflucht gefunden hatten, dürfte die bekannteste von ihnen sein. Vielleicht sind die Tierknochen, die man hier fand, von dem unterirdischen Fluss herbeigespült worden, der sie schuf. Vielleicht suchten die Tiere hier Zuflucht oder wurden hier verspeist. In mehreren Schichten lagerten sich Knochenreste und erste Hinweise auf eine Besiedlung der Inseln ab. Sie sind auch deshalb so vielseitig, weil die Tiere wohl in der Zeit, als das Archipel Teil einer Landbrücke zwischen Afrika und Italien war, über die Inseln wanderten.

Weit über die Steinzeit hinaus nutzte man die zerfurchten Küsten immer wieder auch als Wohnung. »Die Mädchen kommen aus den Höhlen«, heißt es in einem alten Lied. Im *Maltese Calypso* dagegen werden Höhlenbewohner nicht mehr erwähnt: ein absolut zuverlässiger Beweis dafür, dass diese Art zu wohnen inzwischen doch aus der Mode gekommen ist.

In früheren Zeiten, besonders in kriegerischen, hatten die Höhlen allerdings eine überlebenswichtige Funktion. Gerade auf einem so kleinen Archipel, wo es kaum möglich war, vor kriegerischen Aggressoren in Wälder zu flüchten (weil es fast keine gab), waren die Höhlen zuverlässiger Zufluchtsort in Notzeiten. Noch im Zweiten Weltkrieg flohen die Menschen vor den Luftangriffen der Achsenmächte an den Küsten unter die Erde. Und so diente auch Għar Dalam im Zweiten Weltkrieg als Luftschutzbunker.

Ganz besonders in der Zeit vor der Herrschaft des Malteserordens, als immer wieder von der nordafrikanischen Barbareskenküste aus türkische Piraten die Inseln heimsuchten, waren die Höhlen von Bedeutung. Das Hauptziel der Piraten: die Bewohner, insbesondere die Kinder, als Sklaven zu verkaufen. Auf den Sklavenmärkten erzielten Eunuchen Höchstpreise, wenn sie vor Eintritt der Pubertät kastriert worden waren. Und natürlich waren auch Mädchen als potenzielle Haremsdamen beliebt – weiße Sklavinnen waren teurer als schwarze, Jungfrauen teurer als solche ohne Hymen.

Besonders tragisch war der Überfall des osmanischen Piraten Dragut, der 1551 fast die ganze Bevölkerung von Gozo verschleppte. Die Gozitaner dürften es mit einiger Genugtuung aufgenommen haben, dass er 1565 während der Großen Belagerung fiel, getroffen von einem Kanonensplitter aus dem Fort St. Elmo. Dem Vernehmen nach arbeiteten einige Gozitaner freiwillig als Spione der Ritter im türkischen Lager oder trugen durch nächtliche Kurierfahrten oder als Ruderer zum Erfolg der Belagerung bei. Die Nähe zwischen Malti und Arabisch und nicht selten längere Zeit in Gefangenschaft machten es ihnen leicht, Arabisch zu sprechen.

Dragut und dieser Überfall haben sich in den Legenden auf Gozo lange erhalten. So findet sich zwischen Ramla und Marsalforn der Felsen des Dragut, wo der berüchtigte Pirat Trauben aus einem Weinberg geraubt haben soll. Während dieses Überfalls, so erzählt die Legende, hätte einige Bauern ein besonders schlimmes Schicksal ereilt: Die geschickt getarnte Höhle, in der sie Schutz gesucht hatten, wurde durch einen allzu anhänglichen Hund verraten, was die Bauern der Sklaverei überlieferte.

Die Piraten von der Barbareskenküste stellten in der Tat lange Zeit die Geißel Maltas dar. Die nordafrikanische Küste des heutigen Maghreb (Tunesien, Algerien, Marokko) war im 16. Jahrhundert über weite Strecken hin Teil des Osmanischen Reichs. Der Dey von Algier war ein hoher Beamter, und die lokalen Piraten arbeiteten ihm mit ihren Kaperfahrten an christliche Küsten zu. Algier war eines der bedeutendsten Umschlagzentren für Sklaven, der Handel mit ihnen war ein lukratives Geschäft. Auch der spanische Dichter Miguel de Cervantes, der spätere Autor des *Don Quijote*, verbrachte hier einige Jahre als Gefangener.

Der Bedarf islamischer Höfe an Sklaven war in dieser Zeit gewaltig. Da war einmal natürlich der Harem. Entgegen romantischer Vorstellungen lebten darin nicht nur Konkubinen, sondern auch jede Menge Dienstpersonal, das natürlich ebenfalls aus Sklaven bestand. Die Harems waren seit Jahrhunderten kontinuierlich gewachsen: Hatten die ersten Kalifen sich noch mit ihren Gattinnen wegen Zweitfrauen zanken müssen und anfangs bescheidene zweihundert Insassinnen vorzuweisen gehabt, waren diese schnell auf zweitausend angewachsen. In der osmanischen Zeit waren die Harems aufgebläht wie ein Stern kurz vor der Supernova-Explosion. Die meisten Insassinnen bekamen, farbenfrohen Männerfantasien zum Trotz, ihren Herrn nie zu sehen. Auch Sultane hatten naturgegebene Grenzen, sexuelle Funktionsstörungen, waren homosexuell oder – nicht selten im Osmanischen Reich – pädophil. Oder wurden schlicht älter. Und der »Maltapilz« genannte Malteserschwamm, jenes vormoderne Viagra, unterlag gewissermaßen einem Handelsembargo (später mehr davon). Der Harem war neben seiner Funktion als Zuchtstation somit primär Prestigeobjekt. Und bei zehntausend Insassinnen kann man schon fast von einer Haremsblase sprechen.

Dennoch mussten all diese Sklavinnen (und Sklaven) irgendwo herkommen. Sehr früh war bereits die Regel über den Haufen geworfen worden, dass Muslime nicht versklavt werden durften – so mancher Aufstand gegen die Herrschaft endete für die Familien der Rebellen in der Sklaverei. Ansonsten wurde der Bedarf durch Raubzüge und Piraterie in nichtislamischen Ländern sichergestellt. Die derart angewachsenen Harems erforderten Personal, vor allem ältere Frauen. Eunuchen hatten von Beginn an weit mehr Funktionen als nur die, vorwitzige

Haremsdamen von ebenso vorwitzigen Verehrern abzuschotten. Gern wurden sie nämlich als Militärsklaven eingesetzt.

Außerdem waren Eunuchen, sofern minderjährig, auch bei den adligen Herren selbst begehrte Liebesobjekte. Pädophilie war im Osmanischen Reich verbreitet, wovon zahlreiche schriftliche und bildliche Nachweise zeugen.

Dieses Schicksal drohte also den maltesischen Kindern, die den Piraten in die Hände fielen. So ist es kein Wunder, dass die Bewohner unter diesem Gesichtspunkt dem Orden dankbar waren, dass er nicht nur die Piraten abschreckte, sondern es ihnen auch mit gleicher Münze heimzahlte. Denn wie gesagt erwirtschaftete der Orden sein Vermögen zum guten Teil durch Kaperfahrten gegen türkische Schiffe.

Allerdings wurden Höhlen nicht nur als Schutzräume genutzt. Andere dienten auch als Tribunal und Gefängnis in einem, wie etwa Għar ix-Xiħ, die »Richterhöhle«, auf Gozo. Oder als Diebesnest wie Għar Ħalliel, ebenfalls dort. Eine weitere gozitanische Legende rankt sich um die Entdeckung von Għar Ilma (Wasserhöhle): In Zeiten der Dürre soll hier auf wundersame Weise eine Quelle entdeckt worden sein.

Selbst als Liebesnester sind zwei der maltesischen Höhlen berühmt geworden, allerdings, wenn Sie mich fragen, zu Unrecht.

Odysseus in Calypso's Cave auf Gozo dürfte wegen des mangelnden Komforts gequengelt haben. Das, oder Kalypso hat ihn mit irgendeiner psychoaktiven Droge gefügig gemacht. Leider sind nämlich die Kalksteinfelsen auf Malta überall ziemlich uneben und spitz, und für romantische Episoden selbst mit Nymphen braucht man eine dicke Unterlage! Zwar ist der Blick von dort nach unten wirklich hübsch, aber das ist auch schon alles. Die Höhle an sich bietet beim besten Willen keinen Komfort, und als Fünf-Sterne-Liebesnest taugt sie nicht.

Darüber hinaus legten offenbar die türkischen Piraten von der nordafrikanischen Küste, die hier teilweise Dependancen aufmachten, wenig Wert auf Komfort. Wie Għar Ħasan an der Südküste beweist: Auch sie blieben in den guten alten Höhlen. Mein erster Besuch hier war abenteuerlich. In einer notdürftig gezimmerten Hütte erhielt ich gegen Gebühr eine Taschenlampe und wurde dann meinem Schicksal überlassen. Ich weiß nicht, ob jemand gemerkt hätte, wenn ich mich in dem unterirdischen Labyrinth rettungslos verlaufen hätte. Heute ist der Zugang noch abenteuerlicher, denn das alte Ehepaar, das die Taschenlampen vermietete, scheint inzwischen verstorben zu sein. Die Höhle ist nur noch durch ein Loch im Zaun zugänglich, und wer hier im Labyrinth verloren geht, bleibt wohl auch verschollen.

Diverse Sagen ranken sich um den Haus-, pardon, Höhlenbesetzer, der angeblich hier gelebt hat. Es soll der türkische Pirat Hasan gewesen sein. Auch er hatte wohl etwas sadomasochistische Vorstellungen von Liebesnestern. Als er von der maltesischen Obrigkeit erwischt wurde, soll er sich mit seiner Lieblingsharemsdame von der Klippe gestürzt haben – nun ja, was ein Pirat eben so unter Romantik versteht.

Die bereits erwähnten Katakomben beweisen, dass Höhlen auch als heilige Orte dienten. Die St. Paul's Catacombs in Rabat haben wir ja schon vorgestellt. Die Salina Catacombs bei Qawra haben die Besonderheit, dass die Toten hier offenbar paarweise bestattet wurden: Auf jedem Steinkissen in den Sarkophagen finden sich hier zwei statt nur einer Aussparung für die Köpfe.

Aber auch die heilige Agatha, die besonders auf Sizilien verehrt wird, soll in Rabat Zuflucht gefunden haben, in den nach ihr benannten St. Agatha's Catacombs. Dass dieses unterirdische Labyrinth auch weit über die Spätantike hinaus genutzt wurde, beweisen die Wandmalereien. Die ältesten dürften auf das 4. Jahrhundert zurückgehen, die jüngsten datieren um 1480! Das bedeutet, dass die Katakomben bis kurz vor Ankunft der Johanniter noch ausgemalt wurden. Genutzt wurden sie wahrscheinlich noch länger. Denn Katakomben und Höhlen sind nicht nur gute Verstecke in Notzeiten, Familiengrab und heilige Orte weit über Hypogäum und Christenverfolgung hinaus. Die Unterkellerung maltesischer Häuser an sich ist schon fast ein Katakombenlabyrinth. Und tatsächlich sind einige Höhlen und Katakomben durch Privathäuser zu betreten – so wie zum Beispiel Ninu's Cave auf Gozo.

Valletta, das zeichnet sich fast täglich klarer ab, steht auf einem völlig durchlöcherten Felsen. Und damit sind nicht die Reste der einstigen U-Bahn-Verbindung ins nahe Floriana gemeint, die heute für Telekommunikationskabel genutzt werden. Nein, bereits die Ordensritter bohrten im Kalkstein. Valletta war von Beginn an mit Zisternen und einem Bewässerungssystem geplant, welches die Bevölkerung notfalls einen Sommer lang – also für die Dauer der Großen Belagerung – mit Wasser versorgen konnte.

Hier zeichnet sich eine neue Sensation ab. Die ersten aufsehenerregenden Funde wurden vor einigen Jahren bei der Planung einer Tiefgarage am Ortseingang gemacht. Seither gibt es fast täglich neue Entdeckungen.

Immer lauter werden die Rufe, das Labyrinth 2018 für die Öffentlichkeit zugänglich zu machen. Und es scheint sich zu lohnen: Unter dem Great Siege Square wurde eine riesige Zisterne gefunden – die St. John's Co-Cathedral steht also quasi direkt daneben. Legenden erzählen, dass die Ritter ein veritables unterirdisches Straßen- und Bewässerungssystem angelegt hatten, das mit dem oberirdischen Valletta nahezu vergleichbar und sogar mit Kutschen befahrbar war. Angeblich führte auch ein unterirdischer Gang vom Großmeisterpalast aus der Stadt heraus: Haudegen wie La Valette, der sich siebzigjährig noch mit in die Schlacht gestürzt hatte, kamen wohl allmählich aus der Mode. An der Geschichte dürfte etwas dran sein, denn möglicherweise wurde das äußere Ende des Gangs inzwischen gefunden.

Die neuesten Erweiterungen des Höhlenlabyrinths stammen aus jüngster Zeit: Hier suchten die Menschen während des Zweiten Weltkriegs Schutz vor Luftangriffen. Allerdings vertrauten viele Malteser am ehesten ihren eigenen Schutzmaßnahmen: So manche betagten Einwohner von Valletta erinnern sich lebhaft daran, wie ihre Eltern oder Großeltern im Keller Bunker gruben.

Die Malteser haben sich daran gewöhnt, dass sie ihre Häuser nie ganz für sich allein haben und diese manchmal ein unterirdisches Leben entwickeln, von dem niemand etwas ahnen konnte. Im Zweifel erklärt das natürlich, woher der hauseigene Ħares oder so manch andere Spukerscheinung kommt. Die unterirdische Kartografierung Maltas ist alles andere als abgeschlossen, und ich wette, dass so mancher Hausbesitzer mehr Geheimnisse um heilige und unheilige Untermieter aus anderen Welten hütet als *Crimson Peak*.

Aber zurück an die Küste! Die zerklüfteten Küsten mit ihren Höhlen bieten nämlich Raum für zwei Lieblingssportarten der Malteser: Tauchen und Cliff Diving beziehungsweise Cliff Jumping.

Überall an den Küsten gibt es die Stellen, an denen das Meer steil ins Wasser abfällt. Meist führt die Wand auch unter Wasser noch fast senkrecht in die Tiefe, nicht selten weitere vierzig Meter. Perfekte Bedingungen also für alle, die mit einem kühnen Sprung von der Klippe abtauchen wollen. Wie alle Küstenbewohner haben die Malteser eine enge Beziehung zum Meer. Umso mehr, als man ihm kaum aus dem Weg gehen kann. Wer immer die Möglichkeit hat, kommt nach der Arbeit noch an den Strand.

Hoch oben auf den strahlend gelben Felsen wirkt das Wasser königsblau bis türkis. Wenn die Sonne den Globigerinenkalk aufheizt und man barfuß kaum noch darauf stehen mag, ist ein Sprung in die Tiefe genau das Richtige. Einen Moment der warme Wind auf der Haut – wenn der Felsen hoch genug ist, sogar ein kurzes Gefühl der Schwerelosigkeit – und dann eintauchen in das sommerwarme, weiche Salzwasser.

Nachdem 2012 ein YouTube-Video Cliff Jumping in Malta zum Hit gemacht hatte, brach ein wahrer Begeisterungssturm aus. Zwar waren die Malteser schon immer von den Felsen in die zahlreichen Buchten gesprungen, und nicht wenige hatten den Sport bereits im Vorfeld zu einem echten Hingucker für viele gemacht. Schon Kinder stürzen sich furchtlos von fünf Meter hohen Felsen, und wer das Ganze als Sport betreiben will, muss früh hoch hinaus. Siebzig Meter sind nicht selten.

Die weniger schönen Folgen des YouTube-Hits bekamen die Krankenhäuser der Inseln zu spüren. Im selben

Jahr bereits verzeichnete das Hospital auf Gozo eine beträchtliche Anzahl von schweren Wirbelsäulenverletzungen bei Touristen, die vom Azure Window oder von noch höheren Klippen gesprungen waren.

Dabei ist der wichtigste Trick so einfach. Selbst meine Tochter, die schon eine waschechte Cliff Jumperin ist, weiß ganz genau, dass sie die gewünschte Stelle zuerst von unten prüfen muss. Ist das Wasser ausreichend tief? Gibt es Felsen, die unter Wasser hochragen und auf die sie beim Eintauchen aufschlagen könnte? Und natürlich: Traut sie sich die Höhe zu? Genau wie die maltesischen Kinder, mit denen sie sich an den besten Plätzen trifft, weiß sie: Selbst die sicherste Stelle kann zu gefährlich sein, wenn man sich zu früh zu hoch hinauswagt. Die Oberflächenspannung des Wassers kann bei hohen Geschwindigkeiten und dem falschen Winkel leicht eine Wirbelsäule brechen. Immer wieder verletzen sich Menschen durch Cliff Jumping schwer oder kommen ums Leben. Auch auf Malta erinnern in so mancher felsigen Bucht inzwischen Tafeln an sie. Dennoch – mit realistischer Selbsteinschätzung und gesunder Vorsicht ist Cliff Jumping auch nicht gefährlicher als andere Sportarten.

Da auch das Klettern auf Malta seit den Vierzigerjahren sehr beliebt ist, verwundert es nicht, dass der 2010 gegründete Malta Climbing Club (MCC) mit seinen Mitgliedern auch regelmäßig Ausflüge zu den Steilküsten macht. Hier klettert man dann zuerst die Felsen hinauf, um danach ins Wasser zu springen.

Cliff Jumping ist aber nicht nur etwas für zweibeinige Abenteurer. Das weiß auch Carmelo, der es seinem Hund Titti beigebracht hat. Maltas Synchronspringer – Herrchen und Terrierdame – begeistern inzwischen über ihre Facebook-Seite ein internationales Publikum. Ganz offensichtlich ist Titti nicht mehr aus dem Wasser zu bekommen – es sei denn, es geht um einen neuen Sprung von den gelben Kalksteinfelsen ins azurblaue Wasser. Für manche ist sie schon Maltas neuer Superstar – umso mehr, als die stuntfreudige Terrierdame inzwischen sogar in der britischen Fernsehshow *The Secret Life of Dogs* aufgetreten ist.

Bereits früh haben die Malteser aber auch die Schönheiten unter Wasser entdeckt, die ihre Küsten zu bieten haben. Rund um die Insel gibt es Unterwasserhöhlen, Wracks und andere Schätze zuhauf. Teilweise sind sie einfach per Schnorchel vom Ufer aus zugänglich. Von der Blauen Lagune auf Comino aus, wo der Sand so weiß ist, dass das Wasser einen türkishellen Farbton wie in der Karibik hat, bin ich schon als Kind in die zahllosen kleinen Höhlen getaucht. Die Eingänge sind unter oder über der Wasseroberfläche oft gut zu erkennen und stellen auch für unerfahrene Taucher kein nennenswertes Risiko dar. Während also in der Sonne oberhalb des glitzernden Wasserspiegels die Silhouette eines Ausflugsboots zu erkennen war, von dem aus sechs kichernde Nonnen die Füße ins Wasser tauchten, verzog ich mich in die feuchtkalten Eingeweide Cominos.

Erfahrenere Taucher können vor allem bei Gozo die wunderschöne Unterwasserlandschaft genießen. Hier zeigt sich der ganze Artenreichtum der maltesischen Inseln: Oktopoden, Seepferdchen und Thunfische, Zackenbarsche, Barrakudas und Makrelen, missgelaunte Muränen und viele andere mehr. In der Nähe des Azure Window erfreut sich ein Blue Hole besonderer Beliebtheit. Genau genommen handelt es sich dabei um die eingestürzte Öffnung im Dach eines Riffs, durch die man ins Innere tauchen kann. Das derzeit tiefste bekannte Blue Hole im

Südchinesischen Meer reicht rund 300 Meter hinab. Die Blaue Höhle (Għar iz-zerqa) in der Dwejra Bay ist immerhin über vierzig Meter tief. Auf der linken Seite hat sie einen engen, steilen Kamin, einen vertikalen Spalt, der in einem Pool endet. Unbeschreiblich ist das tiefe, strahlende Blau, das Höhlentaucher bei der Rückkehr umfängt. Auch wer sich nicht in den Abgrund traut: Unterhalb des inzwischen eingestürzten Azure Window kann man an den Steilhängen wunderbare Beobachtungen machen. Da die Strömungen auf Malta moderat sind, hat man meist gute Sicht.

Auf Comino ist das Santa-Marija-Höhlensystem besonders beliebt, ein unterirdisches Kavernensystem, das sich bis zu dreißig Meter weit erstreckt. Eine Höhle geht hier in die andere über, und auch hier gibt es ein Loch in der Decke, durch das man auftauchen kann. Hier ist das Wasser aber »nur« rund zehn Meter tief.

Höhlentauchen ist faszinierend, technisch interessant und wunderschön. Es hat einen ganz eigenen Reiz, das Spiel von Licht und Wasser zu beobachten, während man durch das versunkene Labyrinth der unzähligen Gänge und Felswände gleitet. Fischschwärme huschen glitzernd und lautlos vorbei. Die Schwerelosigkeit, funkelnde Luftbläschen. Und immer dieses strahlend helle Licht am Ausgang, wenn man wieder ins freie Wasser schwebt.

Wer unter Wasser sicher ist, versucht sich im Wracktauchen. Vor den Küsten Maltas liegen mehrere Wracks, sogar das eines U-Boots aus dem Zweiten Weltkrieg. Schwämme haben sich hier niedergelassen, Korallen, Muscheln bevölkern die Eisenwände. Vielleicht blickt man in einem Kanonenrohr auch einer Muräne ins Auge, die sich hier eingenistet hat. Sogar eine Christusstatue ist unter Wasser zu besichtigen, die ihre Arme und die blinden, von Meeresbewohnern bewachsenen Augen noch immer nach oben reckt, wo weit über der Wasseroberfläche der Himmel beginnt.

Wracks locken nicht nur Sporttaucher an, sondern helfen bei der Schaffung künstlicher Riffe und leisten damit noch einen Beitrag für eine gesunde Umwelt. Deshalb wird so manches ausgediente Schiff vor Malta und Gozo mit Absicht versenkt.

Was den Wettbewerbsgeist der Malteser, der ja auch die Festa auszeichnet, herauskitzeln kann: Vor dem Xatt il-aħmar, der Roten Küste, liegen gleich drei Wracks. Das der 1999 versenkten *Xlendi* führte zu maltesisch-gozitanischen Spannungen und reizte die alte Rivalität. Weil das Wrack nämlich versehentlich auf dem Kopf landete und bis heute seinen wenig interessanten Kiel nach oben reckt, spotten die Malteser, die Gozitaner seien sogar zu dumm zum Schiffeversenken. Bei den beiden Ausflugsschiffen, die der *Xlendi* 2006 folgten, hat dann allerdings alles geklappt. Sie können es eben doch, die Gozitaner. Und jetzt ziehen beide Taucher an, die die Treppchen und Decks erkunden und sich sogar in die Räumlichkeiten wagen wie einst James Camerons Filmteam während der Dreharbeiten zu *Titanic*.

Vor Comino liegt die *Pasewalk* in fünfzehn Meter Tiefe und ist damit auch für Anfänger gut zu erreichen. Schwieriger wird es da schon bei der *Stubborn*, dem U-Boot, das 1946 nach zahlreichen Kriegseinsätzen als Sonarübungsziel versenkt wurde: Sie liegt in rund 55 Meter Tiefe vor Qawra Point.

Nicht jedes Wrack wurde allerdings gezielt versenkt. Auch ein Zerstörer aus dem Zweiten Weltkrieg, der mit einer Seemine in Kontakt kam, fand sein feuchtes Grab auf dem Meeresgrund vor Malta, so wie auch ein Schlepper, ein Transport- und ein Passagierschiff.

Ein ganz besonderes Highlight aber ist der Kristu tal-Baħħara, der Seemannsjesus vor Qawra. Ursprünglich stand er vor den unbewohnten St. Paul's Islands auf dem Grund des Meeres. Angefertigt wurde er von dem maltesischen Bildhauer Alfred Camilleri Cauchi. Rund 13 Tonnen wiegt der Christus, eine von diversen Kopien des Cristo degli abissi in der Bucht von San Fruttuoso in Italien. Anders als das Original besteht er nicht aus Bronze, sondern aus Fiberglas, mit Beton überzogen. Allerdings sollte er seine ausgestreckten Arme nie in den Himmel recken. 1990 wurde er anlässlich des Besuchs von Papst Johannes Paul II. feierlich versenkt (und steht in rund dreißig Meter Tiefe auch noch auf seinen Füßen). Nun ja, wer so nah am Meer wohnt, weiß, dass er dem Gott Poseidon hin und wieder auch ein modernes Opfer zu bringen hat.

Paläste und moderne Piraten

Wohnen und Leben heute

Blickt man über das verschachtelte Häusermeer von Maltas Ballungszentren, zum Beispiel rund um Valletta, merkt man sofort: Die rund 430 000 Einwohner müssen sich eine nicht allzu große Fläche teilen. Entsprechend recken sich nicht nur die Arme des Kristu tal-Baħħara gen Himmel, sondern auch die Häuser.

Als Tourist auf Malta denkt man beim Thema Wohnen vor allem an die wunderbar intimen Adelspaläste von Mdina oder Valletta. Im weiteren Sinne gehören dazu auch die prachtvollen Auberges – Herbergen –, in denen die Malteserritter nach Muttersprache sortiert zusammenlebten: so etwa die Auberge des Castile et Léon, die unter Großmeister Pinto de Fonseca (regierte 1741–73) von Domenico Cachia erbaut wurde, ein Barockpalast von strenger Symmetrie mit eleganten Verzierungen, in dem heute der Premierminister residiert.

Die Häuser auf Malta bestanden schon früh aus Stein, schlicht deshalb, weil es kaum anderes Baumaterial gab. Der Globigerinenkalk ist weich und leicht zu bearbeiten, vor allem wenn er noch nicht mit Sauerstoff in Berührung gekommen ist. Doch auch danach ist es leicht, Buchstaben oder Ornamente einzuritzen, wie etwa in den Tempeln von Tarxien sehr deutlich zu sehen ist. Vom Megalithtempel übers Farmhouse bis hin zum mittelalterlichen und frühneuzeitlichen Adelspalast bestehen die Häuser aus Malta fast ausschließlich aus diesem Korallenkalk. Er verleiht Maltas Städten die charakteristische honiggelbe Farbe, welche in der flirrenden Mittagshitze weißlich verbleicht und bei tief stehender Sonne die Skyline von Valletta in ein goldenes Licht taucht, das sich strahlend vom tiefblauen Meer abhebt.

Der Malteserorden errichtete Valletta als Ritterstadt: »eine Stadt, von Edelleuten für Edelleute gebaut«. Dank Spendengeldern, die nach der auch als PR-Sieg wichtigen Großen Belagerung und dem erfolgreichen Kampf gegen türkische Piraten flossen, mussten sie bei den Auberges nicht mehr sparen. Und, das konnte sich La Valette sagen, der Grund war immerhin billig. Pachtkosten jährlich: ein Falke.

Als Valletta gebaut wurde, war eines der Hauptprobleme die Wasserversorgung. Die Bauvorschriften sahen daher vor, dass jedes Haus eine Zisterne besitzen sollte. Einerseits natürlich für den Fall einer neuen Belagerung, andererseits aber auch wegen der allgemein schwierigen Versorgungssituation im Sommer. Malta besitzt fast keine Quellen und ist auf Regenwasser angewiesen. Bis vor wenigen Jahrzehnten, bevor die Entsalzungsanlagen gebaut wurden, gab es auch für Touristen noch unter der Dusche böse Überraschungen, wenn der hoteleigene Regenwasserspeicher leer war.

Und so manche Branchen auf Malta versprechen immer noch Adrenalinkicks. Wer es wild und gefährlich mag und ein dickes Fell hat, arbeitet in diesen Branchen. Und was da früher das Wasser war, ist heute der Strom. Malta führt das Ranking der meisten jährlichen Stromausfälle in Europa souverän an. Allerdings muss gesagt werden, dass sich die Situation trotz allen Schimpfens kontinuierlich verbessert. Ich erinnere mich an Zeiten, als die Stromleitungen noch sämtlich überirdisch geführt waren. Sie bildeten lebensgefährliche Pergolen über den Dorfstraßen und im wahrsten Sinne spannungsgeladene Girlanden an den Häusern. Dazwischen hängten die maltesischen Hausfrauen ungerührt ihre Wäsche auf. In abgeschwächter Form kann man das heute noch sehen. Mit dem Strom ist das also so eine Sache.

Das Wasserproblem ist direkt damit verknüpft. Denn dauert der Stromausfall länger, kann auch schon mal das Wasser wieder knapp werden. Da Malta so klein ist, verfügt es nur über zwei Kraftwerke (in Marsa und Delimara), welche das gesamte Archipel versorgen. Wenn eines davon ausfällt und der Schaden nicht schnell behoben wird, macht die Überlastung gern auch dem zweiten stundenlang den Garaus.

Und so lag 2007 die Partymeile in St. Julian's und Paceville über Tage hinweg immer wieder im Dunkeln. Grund für den Ausfall war, wie so oft, Überlastung – damals waren es wohl die Klimaanlagen, die wegen der Hitze vermehrt genutzt wurden. Was Geschäftsleute, Inhaber von Internetcafés und Discobesitzer auf die Barrikaden brachte: Beschwerden und Klagen prasselten auf Enemalta, den Stromversorger, ein. Vor allem weil damals gerade das neue Krankenhaus in Sliema kurz vor der Eröffnung stand, was den Stromverbrauch natürlich auch nicht zu senken versprach. Zwei Jahre später, gerade als die Regierung über die Finanzen von Enemalta diskutierte, gingen die Lichter wieder einmal aus. Ein Schelm, wer hier nicht an Geister mit einem besonders feinen Sinn für Humor glaubt. 570 Minuten Stromausfall pro Jahr verzeichnet Malta laut der Statistik von 2017.

Aber wen stört das? Schließlich sind die Malteser Weltmeister im Improvisieren. Inzwischen gibt es sogar Farbfernsehen (woraufhin im *Maltese Calypso* eine Strophe geändert werden musste). Der Satellitenempfang funktioniert – und wenn doch mal nicht, dann bekommen es die maltesischen Techniker schon wieder hin. Irgendwie. Ich persönlich traue ihnen zu, dass sie mit ihrem Improvisationstalent die allerersten Nachrichten von Außerirdischen empfangen. Ja, wenn die Aliens kommen, werden es die maltesischen Fernsehtechniker noch vor Stephen Hawking wissen, davon bin ich überzeugt.

Die ständige Veränderung kennzeichnet auch den Stil der Architektur. Ein traditionelles maltesisches Haus hat vor allem zwei Elemente: die unvermeidlichen Deckenbalken aus Kalkstein und die Bögen. Bisweilen erweckt ihre Anordnung den Eindruck, dass hier zwei Zimmer zusammengelegt wurden. Das ist dann vermutlich auch wahr. Ein »gestohlenes Zimmer« nennt man das auf Malta. Nein, keine Geister dieses Mal. Die Erklärung ist einfacher. Altbauten sind meist über Generationen gewachsen, und wenn ich »gewachsen« sage, dann meine ich das wörtlich. Denn immer wieder kommt es vor, dass Zimmer oder ganze Häuser zusammengelegt werden, dass eines ins andere gebaut wird. Dass der eigene Pool auf der Garage des Nachbarn liegt oder, noch wahrscheinlicher, auf dem eigenen Dach.

Die Malteser, die aufgrund der beengten Verhältnisse immer improvisieren mussten, haben aus der Not eine

Tugend gemacht und bezaubernde Dachterrassen mit Panoramablick geschaffen. So manches Hotelrestaurant mit Pool in luftiger Höhe ist deshalb auch bei den Einheimischen beliebt. Aber nicht immer muss es gleich ein Hotelturm sein.

Auch ein gewachsenes Haus kann einige Überraschungen bereithalten, und nicht hinter jeder davon steckt ein Gespenst. Temperaturregelung ist eine davon. Noch immer sind nicht alle Häuser durchgehend klimatisiert (siehe Stromversorgung), und, was weit schwieriger ist, die wenigsten haben eine Heizung. Nun möchte man meinen, dass die in einem Land, in dem die Temperatur auch im Winter selten unter zehn Grad sinkt, nicht so wichtig ist. Aber glauben Sie mir, selbst fünfzehn Grad können ganz schön kalt sein, wenn der Seewind weht und die Luftfeuchtigkeit so hoch ist, dass man das Gefühl hat, das Meer klatscht einem ins Gesicht. Wer sich auf Malta niederlassen will, wird also meist als erste Handlung in ein Elektrogeschäft gehen und ein tragbares Heizgerät kaufen. Wie auch in anderen Mittelmeerländern kann man in Malta selbst als Kummer gewohnter Mitteleuropäer das Frieren lernen. Umso mehr als der Boden prinzipiell aus Stein oder Keramikfliesen besteht – Holz ist noch immer ein knapper Rohstoff und muss teuer importiert werden. Ich jedenfalls habe selten so gefroren wie im maltesischen Winter, wenn die Kälte von den Bodenfliesen in die Füße dringt, sodass man nach draußen flüchtet, um sich in der Sonne aufzuwärmen, oder gar den Herd anschaltet und sich am Ende doch freiwillig ins Bett verkriecht.

Andere Überraschungen betreffen den baulichen Aspekt. Sie könnten nämlich, wenn Sie Ihren Wein in den Keller stellen, unversehens den Nachbarn dort antreffen. Schon früher waren die Keller mehrerer Häuser oft miteinander verbunden. Während des Luftkriegs 1940–1942 baute man die Verbindungen noch aus, und Bunkerbauen wurde zu einem aus der Not geborenen Hobby.

Mit den Nachbarn sollten Sie sich also gut stellen. Sie könnten sie nämlich nicht nur im Keller, sondern auch auf Ihrem Dach antreffen. Nicht selten gehen die Dächer nämlich ineinander über, und die feinen Grenzen sind für das ungeübte Auge nicht immer leicht zu erkennen. Hausfrauen nutzten diese Eigenheit bekanntlich früher, um Neuigkeiten auszutauschen, wenn sie Wäsche aufhängten (was man in Malta traditionell auf dem Dach tut). Und so waren die Dächer oft das heimliche Parlament der Frauen in Zeiten, als noch der Machismo regierte.

Aber nicht alle Häuser sind traditionelle Altbauten. Maltesische Makler unterscheiden zwischen einem *townhouse*, einem *farmhouse* und einem *house of character* (also einem Altbau). Von der einfachen Bleibe bis zur Luxuswohnung mit Panoramafenster Richtung Hafen ist heute alles zu haben. In den letzten Jahren entstanden zunehmend schicke, allerdings auch seelenlosere Apartmentkomplexe. Denn die Wohnsituation ist deutlich angespannter als zu Zeiten der Ritter. Für einen Falken bekommen Sie hier gar nichts mehr. Immobilien sind auf Malta seit dem EU-Beitritt rapide im Preis gestiegen.

Die berüchtigten maltesischen Makler sind mit allen Wassern gewaschen. Sie fahren mit ihren Kunden so lange alle Angebote ab, bis das passende Haus oder die geeignete Wohnung gefunden ist. Die meisten Kunden sind Engländer, Iren oder Schotten in Rente, zunehmend findet man aber auch Deutsche und andere Europäer. Wer mieten will, sollte sich an den Gedanken gewöhnen, dass die meisten Immobilien bereits möbliert sind. Oft sind sie sogar voll ausgestattet mit Geschirr, Töpfen und Besteck, sodass man nur noch seine persönlichen Dinge mitbringen muss. Das hat den Vorteil, dass die Anreise per Flugzeug deutlich unkomplizierter ist. Der Nachteil ist allerdings, dass der Geschmack sich nicht unbedingt mit dem eigenen deckt.

Dem Vernehmen nach sollen auch jene dubiosen Vertreter auf Malta unterwegs sein, die gutgläubige Touristen mit angeblichen Gewinnen für eine Reise locken und ihnen dann zweifelhafte Anteile an Ferienwohnungen verkaufen wollen. Wer eine Ferienwohnung zu kaufen erwägt, sollte das unbedingt über einen seriösen Makler tun und auf keinen Fall den angeblichen »Gewinn«, den so ein moderner Pirat verspricht, in Anspruch nehmen. Zum Glück kann man solchen Begegnungen aber doch ganz gut aus dem Weg gehen, denn sie finden bevorzugt dort statt, wo sich die Hotels mit Touristen im Urlaubsmodus drängen, also in Mellieħa oder St. Julian's.

Womit wir beim Abendprogramm wären.

St. Julian's und Paceville haben sich seit Jahren in diesem Punkt einen Namen gemacht. Mit seinen Spielcasinos, Bars und Cafés lockt St. Julian's alle, die lange Nächte schätzen. Von der Verschlafenheit des ehemaligen Fischerorts, von dem die Boote in der idyllischen Bucht noch zeugen, ist dann nichts mehr zu spüren. Im Baystreet Complex findet man Einkaufsmöglichkeiten und Kinos. Die mit Abstand meisten Bars, Cafés, Discos liegen hier, und auch das Casino ist nicht weit. Malta ist ein Klubparadies und zieht regelmäßig große Namen an. Besonders angesagt sind in Paceville das »Havana« für Hip-Hop-

Fans und der »Sky Club«. Aber auch schicke Cocktailbars wie »Hugo's Terrace« findet man hier.

Große Bekanntheit genießt in der Klubszene Miss Roberta, auf die man hier sehr stolz ist: Maltas erster weiblicher DJ! Die First Lady der maltesischen Tanzmusik, die inzwischen auch im Ausland heiß begehrt ist, ist seit 1999 aktiv. Der Durchbruch gelang ihr 2002, als sie gleich zwei Club DJ Awards absahnte: als bester weiblicher DJ und als Best House DJ. Es folgte eine eigene Radioshow, außerdem arbeitete sie für ausländische Stars der Szene und etablierte sich schnell als lokale Ansprechpartnerin für deren Besuche auf Malta. Heute tourt sie selbst durch Europa und Nordafrika. Die Besucher in den Klubs sind eher jung, vor allem Studierende oder Besucher von Sprachkursen – natürlich auch Einheimische, wobei viele Malteser die Abende nach wie vor gern mit der Familie verbringen.

Besonders Paceville besteht stellenweise hauptsächlich aus Discos. Ein großes Aufgebot an Sicherheitspersonal sorgt dafür, dass der Besuch auch in guter Erinnerung bleibt. Tagsüber sind hier die Straßen leer gefegt, abends braucht man unter Umständen einiges Durchsetzungsvermögen, um überhaupt in die Nähe des gewünschten Tanztempels zu gelangen – dann drängt sich Jung und Alt auf den Straßen, und ein babylonisches Sprachgewirr schwirrt durch die Luft wie ein hektischer Insektenschwarm. Das Gewummer der Beats dröhnt aus den Türen, es geht laut und fröhlich zu – und alkoholisch. Die Chancen, keine Mütter zu treffen, stehen hier besser als sonst irgendwo, allerdings auch die Chancen, Taschendieben zu begegnen.

In Sliema ist es etwas ruhiger, und wer eher Weinbars, Pubs oder Restaurants mit traumhaftem Blick auf die

Skyline von Valletta mag, liegt hier richtig. Die Promenade ist leider noch immer nicht verkehrsberuhigt, trotzdem ist der Blick vor allem abends spektakulär. Intimität und Ursprünglichkeit sind allerdings auch hier weniger zu finden, Sliema gibt sich kosmopolitisch und international.

Vieles ist *very British*: Hotels, in denen noch die feine englische Art gepflegt wird, aber auch Pubs. Auch Valletta, früher eigentlich keine Stadt zum Ausgehen, wartet heute mit Weinbars und Restaurants auf, die sich zunehmender Beliebtheit erfreuen. Hier findet man inzwischen jährlich neue Adressen an hübschen Straßenecken. Keine großen Partymeilen, eher etwas für Genießer, die schöne Orte mit viel Atmosphäre suchen.

Auch musikalisch hat sich einiges getan. 2002 war Malta einmal nicht auf den letzten Rängen des *Eurovision Song Contest* vertreten, sondern die Nummer zwei – Ira Losco hieß das Wunder. Seither ist sie auf Malta eine beliebte Sängerin, die mit ihrer rauchigen Stimme Elemente aus Indie, Alternativ, Rock und Pop kombiniert.

Klassikfans kennen natürlich Joseph Calleja, dessen samtige Tenorstimme inzwischen weltweit Belcanto- und Puccini-Fans dahinschmelzen lässt. Geboren wurde er in Attard. Von dem kleinen Örtchen in Zentralmalta an alle großen Opernbühnen der Erde – keine schlechte Karriere für den hünenhaften Tenor. Seine helle, italienisch geführte Stimme hat Power und eine starke, physische Präsenz. Kritiker loben seine Sicherheit in den oberen Registern, wie sie zum Beispiel für seine Rolle als Pollione in Bellinis *Norma* wichtig ist. Aber mindestens ebenso bemerkenswert ist sein lupenreines Piano. Die berühmte Arie *Nessun dorma* aus Puccinis *Turandot* singt er mit Sensibilität einerseits und zugleich mit der Durchschlagskraft, die die oft dramatische Partie des Kalaf erfordert. Diese Qualitäten kommen ihm auch in anderen großen Rollen wie Rodolfo in *La Bohème* oder Cavaradossi aus *Tosca* zugute. Hier kann er die ganze Bandbreite zwischen sensiblem Künstler und Revolutionär ausspielen, die seine Stimme mitbringt. Mit großer Leichtigkeit und perfekt geführt, meistert er mühelos lange ansteigende Passagen und den Wechsel zwischen lyrischen Höhen und dramatischer Strahlkraft. Dabei kommt ihm sein ungewöhnlich großer Stimmumfang zugute, der es ihm erlaubt, noch in Höhen, die für andere Tenöre schon im reinen Kopfklang nur noch schwer zugänglich sind, mit der Bruststimme zu arbeiten.

Stolz zeigt sich Calleja als Malteser und betont die Verbundenheit mit seiner Insel. Und wenn er, was durchaus vorkommt, hier auftritt, steht ihm mit dem Manoel Theatre in Valletta das älteste durchgehend bespielte Theater Europas zur Verfügung.

In den letzten Jahren ist Malta auch bei Schwulen in Mode gekommen. Legalisiert ist Homosexualität auf Malta bereits seit 1973. Die Inseln gelten als ausgesprochen *gay friendly* und stehen in dieser Hinsicht europaweit an der Spitze. Trotz oder gerade wegen der katholischen Tradition der Inseln? Schließlich gilt der Vatikan ja Insidern zufolge als Schwulenparadies.

Die *gay bars* auf Malta werden keineswegs nur von Touristen besucht. Längst hat sich eine einheimische Szene gebildet, die keine Repressionen oder Ablehnung mehr befürchten muss. Webseiten mit Tipps für *gays* und *queers* haben sich etabliert, die Besucher nach Malta locken. Insgesamt ist das Angebot für männliche Homosexuelle etwas besser: Es gibt inzwischen Bars und Saunen ausschließlich für Männer, allerdings nichts Vergleichbares für lesbische Frauen. Die meisten *gay bars* und auch das einzige einschlägige Hotel, das »Adam and Eve Hotel«, stehen jedoch allen offen. Die meisten Bars finden sich im Partybezirk rund um Paceville, in St. Julian's – und in Floriana.

Malta hat bereits 2014 eingetragene Lebenspartnerschaften mit allen Rechten der Ehe eingeführt – damit konnten *gays*, *queers* & Co. dort schon Kinder adoptieren. Dagegen gab es allerdings großen Widerstand: Dem Vernehmen nach waren zwar die meisten Malteser für die eingetragenen Lebenspartnerschaften, aber gegen das Adoptionsrecht. Und bis zuletzt stemmte sich die Kirche gegen das Gesetz, das unter einer Regierung der Labour Party beschlossen wurde.

Wer zum Feiern gern aufs Wasser geht und auf die funkelnden Lichter von Valletta, St. Julian's oder Sliema blickt, dem sei eines der Partyboote ans Herz gelegt. Allerdings sollte man die feuchtfröhliche Gesellschaft mögen, die man dort antrifft. Und Vergnügen daran haben, in Badekleidung und mit reichlich Alkohol Polonaise zu tanzen.

Die gesamte Nordostküste bis hinauf nach St. Pauls, Qawra und Buġibba ist so dicht mit Ausgehmöglichkeiten besiedelt, dass für jede und jeden etwas dabei sein müsste. Insgesamt sollten Nachteulen sich eher an Malta als an Gozo halten – obwohl es auch dort eine Disco und diverse Ausgehmöglichkeiten gibt, ist es doch um einiges ländlicher und eher etwas für Naturfreunde.

Auf beiden Inseln gibt es jedoch noch eine ganz besondere Art Kneipe: das *każin*. Es ist die Mutter aller Kneipen: Kultort, Pilgerziel und Ersatzheimat. Und das hat einen politischen Grund.

Die Malteser gelten als absolut loyal gegenüber ihrer jeweiligen politischen Partei, also der Labour Party oder der konservativen Nationalist Party. Egal, was passiert, nie würden sie eine andere wählen. Nicht umsonst gelten sie als stur. Soll man zugeben, dass der Nachbar recht hatte und die andere Partei dieses Mal das bessere Programm? Nie im Leben! Kein Wunder also, dass sie ihrer Partei auch beim Ausgehen buchstäblich nahestehen. Ein Każin ist nämlich eine Bar, die von der lokalen Niederlassung einer Partei betrieben wird und sich meist auch im Parteigebäude befindet. Dort trifft man sich unter seinesgleichen, zum Diskutieren, Fußballschauen, um sich über den schockierenden Wahlerfolg der Gegner zu ereifern, über die Malteser im Ausland und die Preise fürs Bier zu reden. Ich verhalte mich da demokratisch und besuche mal die eine Partei, mal die andere, um ein Kinnie oder ein Glas Wein abzustauben.

In meinem Lieblings-Każin steht ein Urgestein an der Bar, in dessen wetterzerfurchtes Gesicht fast die gesamte Geschichte seiner Partei gemeißelt zu sein scheint. Bierkisten stapeln sich, ein schwüler Hauch weht vom Meer, der uralte Ventilator dreht sich geräuschvoll. Im Fernsehen läuft Fußball. Zeitungsausschnitte von der lokalen Festa und über die Malteser in Großbritannien zieren die Wände, hängen neben den Konterfeis von Lokalpolitikern und Trophäen. Und über dem Tresen hängt ein Schild: *Alles ist erlaubt, außer anschreiben zu lassen.*

Maltesische Familien nutzen am Wochenende auch gern Hotelpools, soweit sie für die Öffentlichkeit zugänglich sind. Wie bei den Sportarten spielt auch generell Wasser eine große Rolle bei der Freizeitgestaltung. Beliebt bei Kindern, einheimischen wie jenen von Touristen, ist zum Beispiel der Waterpark in Buġibba. Auf rund 800 Quadratmetern können sich Kinder hier unter Duschpilzen, mit Springbrunnen und Wasserkanonen austoben. Da es ein Limit von fünfzig Kindern gibt, muss man sich an heißen Tagen unter Umständen auf Wartezeiten einstellen.

Das Aquarium in Qawra gehört zu den zwanzig besten europaweit. Von außen betrachtet hat es die Form einer Muschel. Nicht weit von den großen Unterwasserattraktionen für Taucher werden hier kleine und große Meeresforscher glücklich: Sogar das Wrack eines römischen Schiffs liegt hier im Aquarium auf dem Grund. Unter gläsernen Bögen hindurch geht der Weg, ihn kreuzen Seepferdchen und alle Fischarten, die vor den maltesischen Inseln leben.

Große Kinder freuen sich im Herbst auf den Grand Prix der Oldtimer vor den Mauern von Mdina. Wer unter Sport etwas mehr versteht, als mit dem Fuß auf ein Pedal zu treten, wird natürlich im Marsa Sports Club alles finden, was das Herz begehrt – von Kricket bis Tauchen. Angesagte Jachtklubs findet man in Ta' Xbiex. Aber nicht zwangsläufig muss man Mitglied in Klubs sein. In Sliema, wo die Schickeria lebt, frequentieren vor allem junge Männer das frei zugängliche Gym am Strand, um vor dem Essen noch ein paar Klimmzüge zu machen und die Muskeln zu pflegen. Meine Tochter, die etwa halb so groß ist wie die figurbewussten Männer, flitzt gern zwischen ihnen herum und zählt mal mehr und mal weniger heimlich mit, wer die meisten Klimmzüge schafft.

Apropos Aussehen: Bei so manchem Friseur kann man inzwischen mit etwas Glück schon mal auf internationale Prominenz treffen; wenn man zum Beispiel denjenigen erwischt, der auch die Filmsets in Kalkara betreut, wo Brad Pitt, Russell Crowe und Madonna verkehren.

Fürs zugehörige Outfit geht man in die moderne Shopping Mall nach Sliema, wo es alles gibt, was das Herz begehrt. Die ältere in Valletta ist dadurch ins Hintertreffen geraten und putzt sich inzwischen kräftig heraus, um weiterhin konkurrenzfähig zu sein.

In der Merchants Street in Valletta kommen alle Marktbegeisterten auf ihre Kosten. Auch in den Dörfern gibt es Wochenmärkte, allerdings eher für den alltäglichen Bedarf. Wer groß einkaufen will, nahm bis vor wenigen Jahren das Schnellboot nach Sizilien. Das ist inzwischen nicht mehr nötig, denn längst gibt es auf Malta so gut wie alles zu kaufen, was man auch anderswo in Europa findet.

Was aber, wenn man sich eine Sportverletzung zugezogen oder zu ausgiebig gefeiert hat?

Die Erben der Johanniter

Von der Sacra Infermeria zur University of Malta

Die gute Nachricht vorweg: Die Krankenversorgung auf Malta gilt als sehr gut. Zwar kann man im Krankenhaus schon mal lange Wartezeiten einkalkulieren, doch die medizinische Fakultät der University of Malta ist eine der ältesten und besten Europas. Für die Medizin ist die Insel seit Jahrhunderten bekannt und zieht nach wie vor Studierende von auswärts an. Begonnen hat alles mit dem Ordenshospital, der Sacra Infermeria. Das Gebäude in Birgu, in dem sie sich zunächst befand, ist winzig, wenn man bedenkt, dass dort auch während der Großen Belagerung die meisten Verletzten behandelt werden mussten. Dagegen nimmt sich der Neubau aus dem 16. Jahrhundert in Valletta geradezu gigantisch aus. Kernstück ist die rund 180 Meter lange Krankenhalle, in der die Betten standen: viel größer als alles, was zu dieser Zeit sonst in Europa an Krankenhäusern existierte, auch als das berühmte Hospital im burgundischen Beaune.

Die Sacra Infermeria in Valletta gehörte zu den modernsten und bestausgestatteten Krankenhäusern Europas. Zu den besonderen Privilegien der Kranken gehörte, dass jeder sein eigenes Bett hatte – damals ein ziemlicher Luxus –, dass die Bettwäsche regelmäßig gereinigt wurde – auch nicht selbstverständlich – und dass die Kranken von silbernen Tellern und mit Silberbesteck aßen. Angeblich aus Gründen der Hygiene – tatsächlich hat Silber antiseptische Eigenschaften –, aber eine gewisse dezent kaschierte Prunksucht ist hier doch unverkennbar. Man sollte nicht vergessen, dass es zur selben Zeit in der venezianischen Adelsfamilie Labia üblich war, das Goldgeschirr nach dem Prunkmahl in den nächsten Kanal zu werfen mit den Worten »L'abbia o non l'abbia, io son sempre un Labia« (Ich hab's oder hab es nicht, ich bin und bleibe doch ein Labia). Allerdings geht das Gerücht, dass unter der Wasserlinie ein Netz gespannt war, sodass die Preziosen nach Verabschiedung des letzten Gastes wieder hervorgeholt werden konnten.

Antiseptische Eigenschaften besitzt auch noch ein anderes legendenumranktes Spezifikum der maltesischen Krankenpflege, und um das zu beschaffen, machen wir einen Ausflug nach Gozo. Die Bucht von Dwejra hat neben dem Azure Window nämlich noch mehr Attraktionen, wenngleich nicht alle so berühmt sind. Vielleicht verdankt auch der benachbarte Fungus Rock seine Lage dem Einsturz eines solchen natürlichen Tors: ein Felsen, der in Sichtweite des Azure Window aus dem Meer ragt. Wenn, dann ist das aber wirklich schon eine Weile her, denn der Fungus Rock beherbergt mehrere endemische Pflanzenarten. Unter anderem wächst dort der Malteserschwamm.

Lange Zeit fand er im Krankenhaus von Valletta Anwendung. Entdeckt wurde der Malteserschwamm durch einen Ordensritter (daher auch der maltesische Name des Fungus Rock: Ħaġret il-Ġeneral, Generalsfelsen). Die Malteserritter setzten ihn zunächst in ihrem Hospital zur Blutstillung und gewissermaßen als vormodernes Breitbandantibiotikum ein.

Allerdings merkten sie sehr schnell, dass der Mythos der Pflanze (die erst im 18. Jahrhundert als Pilz eingeordnet wurde) lukrativ war: Vermutlich lag es an ihrer Form, die der Pflanzengattung auch den Namen gab: Hundepenis *(Cynomorium coccineum)*.

Jedenfalls wurde das vormoderne »Peni-cillin« sehr bald auch als Aphrodisiakum verkauft. Und die frommen Ordensherren verdienten alsbald gut an den tatsächlichen oder eingebildeten sexuellen Funktionsstörungen der großen Adelshäuser. In einer Zeit, in der Frauen untergeordnete Rollen einnahmen und Männlichkeit ergo als besonders kostbares (und daher ständig gefährdetes) Privileg galt, musste deren Funktionstüchtigkeit permanent unter Beweis gestellt werden. Da litt der eine oder andere hohe Herr leicht unter Hypochondrie. Der stereotyp in historischer und fiktionaler Literatur (etwa Boccaccios *Decameron*) siebenmal vollzogene Beischlaf adliger Herren in der Hochzeitsnacht stellte insbesondere den männlichen Adel unter gewisse Erfolgszwänge. Und die erfuhren zumindest ab einem gewissen Alter nun einmal ihre naturbedingten Grenzen. Wovon die (offiziell) der Keuschheit verschworenen Ordensherren zu profitieren wussten.

Um das Monopol auf das kostbare Wundermittel zu haben, sollen sie sogar den nahe gelegenen Wachtturm, den Dwejra Tower, umgebaut haben. Ursprünglich sollte er vor türkischen Piraten warnen, wurde nun aber zur Alarmanlage für sich eventuell anpirschende Langfinger ausgebaut. Der Fungus Rock selbst war nur wenigen

Erwählten per Seilbahn zugänglich: In schwindelnder Höhe wurde man, in einem Korb sitzend, am Seil über die Brandung gezogen. Der untere Teil des Felsens wurde 1744 sogar abgeschliffen, da offenbar vormoderne Cliff Diver ihn erklommen und unautorisierte Ernten vorgenommen hatten.

Ungebetene Gäste wurden außerdem mit drakonischen Strafen ferngehalten. So kursiert auf Gozo die rührende Legende, dass einst ein Vater sein Kind unter größten Opfern gerettet habe. Wohl wissend, dass der wundersame Pilz den lebensbedrohlichen Durchfall (vermutlich die Ruhr) aufhalten und das Leben ihres einzigen Söhnchens retten konnte, flehten die Eltern aus dem Örtchen Santu Pietru um das kostbare Mittel. Aber schon damals herrschte in Europa eine Zwei-Klassen-Medizin. Der zuständige Ordensherr verweigerte die Hilfe. Da das Kind schwächer und schwächer wurde, beschlossen die verzweifelten Eltern, den Pilz zu stehlen. Der Vater schwamm nachts in die tosende Brandung und erreichte tatsächlich den Felsen. Er erklomm die Klippe, pflückte den Pilz und schwamm zurück. In Windeseile bereitete seine Frau die Medizin zu.

Aber die Johanniter erfuhren von dem nächtlichen Diebstahl. Der arme Mann wurde zur Galeere verurteilt. Doch es gibt ein Happy End: Als der Mann nach Jahren freikam, vermutlich gezeichnet von der Zwangsarbeit, fiel ihm sein inzwischen erwachsener Sohn um den Hals.

Tatsächlich verwendete man den Pilz vor allem gegen Hämorrhoiden und Blutkrankheiten – und natürlich zur Blutstillung und als Antibiotikum. Der Stängel wurde zerrieben und mit Wasser oder Wein getrunken. Angeblich soll sogar schon Großmeister La Valette damit behandelt worden sein (allerdings wegen Kriegsverletzungen).

Richtig ist, dass der Felsen im Jahr 1744 glatt geschliffen wurde, um nächtliche Diebestouren wie die des verzweifelten Vaters aus Santu Pietru zu verhindern. Die Johanniter wahrten ihre Privilegien streng. Ihre Pharmaindustrie war ebenso wie die moderne an Gewinnen und Spekulation orientiert, gegenüber denen ein Einzelschicksal nicht ins Gewicht fiel. Das scheint gewissermaßen die »pharmakologische Konstante« zu sein (wenn Sie mir diesen Bezug auf Einsteins »kosmologische Konstante« gestatten).

Der Mythos des Pilzes hielt sich eine ganze Weile, lange glaubte man, er wäre nur auf dem Fungus Rock beheimatet. In Wirklichkeit sprießt der Hundepenis allerdings auch auf den nahe gelegenen Inseln Sizilien und Lampedusa und wurde sogar in Teilen Marokkos und Andalusiens nachgewiesen.

Auch bei den Ordensrittern selbst dürfte der Hundepenis nicht nur Schwert- und Schussverletzungen oder Hämorrhoiden geheilt haben, sondern vermutlich auch die eine oder andere Erektionsstörung. Adel verpflichtet schließlich, besonders wenn man schon im Besitz eines streng limitierten, einmaligen und schwer bewachten Wundermittels ist …

Halten die Wunderkräfte des Hundepenis aber einer modernen Untersuchung stand? Wie so oft muss man leider sagen: eher nicht. Der Placeboeffekt dürfte einen nicht geringen Anteil am Erfolg des Mythos haben.

Dennoch ändert das nichts daran, dass die Sacra Infermeria bei der Behandlung von Kriegsverletzungen bahnbrechend war. Da man damals noch keine Bluttransfusionen kannte und sekundäre Infektionen bei Operationen riskant waren, kam es vor allem auf die Geschwindigkeit des Chirurgen an. Je schneller operiert wurde, desto geringer der Blutverlust. Auch was die Infektionsprävention betraf, war Malta auf dem neuesten Stand. Schon im 16. Jahrhundert wurde Salzwasser zur Desinfektion von Wunden verwendet, die strenge Hygiene des Hospitals wurde immer wieder von beeindruckten Reisenden hervorgehoben. Die Offenheit für medizinischen Fortschritt hatten die Johanniter, die sich ja zuvorderst als karitativer Orden verstanden, bereits aus Jerusalem mitgebracht. Dort hatten keine Berührungsängste gegenüber der überlegenen Medizin der Araber die Qualität beeinträchtigt.

In dieser Tradition sieht sich die University of Malta, die letztlich aus der medizinischen Ausbildungsstätte der Johanniter hervorgegangen ist. Nicht wenige Briten fliegen zu Schönheitsoperationen nach Malta, um in den Genuss der ausgezeichneten Chirurgen zu kommen. Umso tragischer ist, dass die Malteserinnen für Abtreibungen ihrerseits ins Ausland fliegen und gesundheitliche Risiken in Kauf nehmen müssen, was angesichts eines so gut ausgebildeten heimischen medizinischen Personals eigentlich beschämend sein müsste.

Die Geschichte der Universität geht zurück auf das Jesuitenkolleg Collegium Melitense, das auf Anregung von Großmeister Hugues Loubenx de Verdale und Papst Clemens VIII. 1592 gegründet wurde. Zunächst war es ein rein geisteswissenschaftliches Kolleg. Die Ausbildung der Ordensritter in medizinischen Angelegenheiten fand weiterhin im Ordensspital statt. Das Collegium befand sich im Zentrum Vallettas, quasi direkt hinter dem Großmeisterpalast, nämlich zwischen Archbishop Street und dem Triq San Kristofru. Doch erst Großmeister Nicolas Cotoner – wir erinnern uns an die Festa in Birgu, er gab der Cottonera den Namen – schloss daran das Krankenhaus an und begründete 1676 die Fächer Chirurgie und Anatomie. Diese Erweiterung dürfte im Zusammenhang mit dem Ende der Pest von 1675 stehen. Frà Giuseppe Zammit war der erste *lettore* (Dozent) und begann mit der Einrichtung einer medizinischen Bibliothek. Außerdem legte er in einem der Gräben um das Fort St. Elmo einen Kräutergarten an.

Die eigentliche Universität wurde 1768 von Großmeister Manuel Pinto de Fonseca gegründet, der nach dem Ende der Jesuiten auf Malta eine Nachfolgeorganisation ins Leben rief. Diese Pubblica Università di Studi Generali bildete den Grundstein für die moderne Universität. Ihre medizinische Fakultät geht auf das Jahr 1771 zurück und trug die Bezeichnung »Collegio Medico« in der damaligen Wissenschaftssprache Italienisch. Der Lehrstuhlinhaber im Fach Chirurgie und Anatomie, Michelangelo Grima, war der erste *Principe dell'Accademia dei Medici* (also Dekan der Medizinischen Akademie), Giorgio Locano war Professor für Medizin. Erster Rektor der Universität war Frà Roberto Costaguti, ein angesehener Prediger. Um die Universität zu etablieren, wurde ein großer Teil der Professoren aus dem Ausland angeworben. Wie in England an den Traditionsuniversitäten Oxford und Cambridge noch heute üblich, lebten sie in einem Collegium, den Räumen des ehemaligen Collegium Melitense.

Offenbar war die medizinische Fakultät die einzige, die mit einheimischen Professoren besetzt wurde, was bis heute üblich ist. Zwar entließ schon Pintos Nachfolger aus Geldmangel diverse ausländische Professoren, und als Napoleon 1798 Malta eroberte, war die Schließung der Universität eine seiner ersten Amtshandlungen. Doch nichts hält ewig. Schon zwei Jahre später wurden die

Franzosen vertrieben, und der Brite Sir Alexander Ball belebte die Universität neu. Als Rektor benannte er den Kanoniker F. X. Caruana, der sich für den Posten wohl auch durch seinen erbitterten Widerstand gegen die französische Besatzung qualifiziert hatte.

Unter britischer Herrschaft gab es einige Veränderungen, um die Universität zu modernisieren. Das aktuelle Wappenbild, die Rüstung, sowie der Wahlspruch *Ut Fructificemus Deo* (Damit wir Gott Frucht bringen, Römer 7,4) wurden 1923 vom damaligen Rektor Sir Themistocles Zammit vorgeschlagen. Ab 1937 führte die Universität den Titel Royal University of Malta. Mit der Unabhängigkeit gab sie das royale Adjektiv zurück und wurde zur University of Malta beziehungsweise Università ta' Malta.

Die Nationalbibliothek ist übrigens davon unabhängig. Steigen wir einmal kurz die Stufen hinauf und gehen in den historischen Lesesaal. In Glaskästen werden wichtige Dokumente aus der Geschichte präsentiert, zum Beispiel die päpstliche Bulle von 1113, die als Gründungsdokument des Malteserordens gilt, oder die Urkunde Karls V., in der er 1530 Malta als Lehen an die Johanniter übergibt. Fast seit Beginn ihrer Herrschaft über Malta, seit 1555, gingen Bücher aus dem Besitz verstorbener Ordensritter in den Ordensschatz über. Die erste kleine Bibliothek wurde daraus 1649 zusammengestellt, nach Erbschaften 1766 und vor allem nach 1781 wurde der Grundstein für die moderne Bibliothek gelegt.

Die 1687 gegründete Bibliothek der Sacra Infermeria war von Beginn an Teil davon: Frà Giuseppe Zammit, der Gründer, trug allein 15 000 Bände zu ihr bei. Das Gebäude für die Bibliothek entstand 1796, die Sammlung umfasste damals etwa 80 000 Bände (nach der napoleonischen Besatzung waren es nur noch rund 30 000). Die Bibliothek diente anschließend als Offizierscafé für britische Soldaten und wurde 1812 neu als Bibliothek eingeweiht. Seit 1976 führt sie den Namen National Library. Sie umfasst heute die Archive des Malteserordens und der *università*, also der maltesischen Selbstverwaltung, eine etwa 1600 Volumen starke Manuskriptkollektion, Melitensia, Zeitschriften und Inkunabeln (Frühdrucke), vor allem aus der Ordensgeschichte.

An der Universität war die medizinische Fakultät auch im 20. Jahrhundert weiterhin Prestigeobjekt. 1959 wurden die Evans Laboratories eingerichtet, und 1968 entstand eine neue Medical School in Guardamanġa, etwa zur selben Zeit, als der Campus in Msida eröffnet wurde, der heute das flächenmäßig größte Areal der Universität darstellt. Die aktuelle Verfassung der Universität geht auf das Jahr 1988 zurück.

Heute erhalten hier rund 11 500 Studierende aus insgesamt 92 Ländern ihre Ausbildung, dazu kommen rund 2500 Vorstudenten im Junior College. Vierzehn Fakultäten, interdisziplinäre Zentren und Institute sowie eine Theaterakademie decken ein breites Spektrum an Fächern ab. Dabei bemüht sich die Universität durch Qualifizierungsprogramme und Teilnahme am Erasmus-Programm, auch für Studierende aus anderen Ländern attraktiv zu sein. Etwa dreitausend Absolventen schließen jährlich ihr Studium erfolgreich ab.

Von den vierzehn Fakultäten der Universität betreffen drei medizinische Fächer: Zahnmedizin, Health Sciences und Medizin/Chirurgie haben jeweils eigene Fakultäten. Zwei haben Anknüpfungspunkte zum IT-Bereich: Informations- und Kommunikationstechnologie sowie Medien- und Knowledge Sciences. Zum Thema BWL werden Wirtschaft sowie Management und Accountancy angeboten. Außerdem gibt es inzwischen diverse moderne interdisziplinäre Institute und Zentren wie Aerospace Technologies, aber auch Anglo-Italian Studies – der Bezug zu Malta dürfte klar sein – sowie Baroque Studies (Barockstudien) und andere Bereiche, die einen direkt erkennbaren Bezug zu den maltesischen Inseln aufweisen: etwa Islands and Small States, das Mediterranean Institute, Maltese Studies, Tourism, Travel and Culture.

Allerdings ruht sich Malta nicht auf Themen aus, die nur seine rund 430 000 Einwohner betreffen, und so finden sich hier auch wieder Institute und Zentren aus den Bereichen Umwelt, Astronomie, Biomedizinische Kybernetik, Molekularmedizin, Resilienz und sozioemotionale Gesundheit und sogar Traditionelle Chinesische Medizin. Schließlich gibt es noch die School of Performing Arts und die International School for Foundation Studies. Außerdem beherbergt der Campus das International Maritime Law Institute (IMLI), das internationale Institut für Seerecht.

Anders als in Deutschland ist die Zusammenarbeit mit der Handelskammer und der Industrie eng. Das bedeutet für die Studierenden schnelle Jobperspektiven und für die Industrie die Nähe zu einer Forschung, die nicht in einem Elfenbeinturm stattfindet, sondern sich an konkreten Fragen orientiert – gerade für eine so kleine Universität, die weniger Möglichkeiten hat, sich zu profilieren, ist das natürlich von Bedeutung. Im Bereich Seefahrt gibt es Preise für besonders innovative Ideen. Diverse Prestigeprojekte sind die Aushängeschilder und finden international Gehör: über Mobiltechnologien oder Migration etwa, die in Malta besonders aufmerksam beobachtet wird.

Klug ist die Betonung von Fächern, die auf Umweltschutz unter konkret maltesischen Bedingungen zielen. Tatsächlich sind die Malteser heute äußerst umweltbewusst. Konnte man früher, wenn man vor der Küste tauchte, noch allen möglichen Müll aus dem Meer bergen, wird heute überall auf Sauberkeit gepocht. Ich erinnere mich an eine Bucht nahe Marsaxlokk. Beim Schnorcheln genoss ich das glasklare Wasser, aber unterhalb einer Klippe lag in etwa 25 Meter Wassertiefe ein alter Kinderwagen. Heute hingegen sorgen penibel geleerte Mülleimer auf den Straßen dafür, dass niemand seinen Abfall auf die Straße wirft. Schilder mahnen daran, Hundetoiletten zu benutzen und nichts ins Meer zu werfen. Und so ist das Wasser nach wie vor glasklar, und die maltesischen Straßen werden immer schicker.

Die maltesische Schulpolitik steht immer wieder im Kreuzfeuer der Kritik: zu wenige zu schlecht bezahlte Lehrer, ein eher mittelprächtiges Niveau an staatlichen Schulen, erst seit kurzer Zeit Ethikunterricht als Alternative zur Religion. Der Druck auf die Lehrer ist groß, das Prestige gering. Die staatlichen Schulen genießen einen eher bescheidenen Ruf, doch private Bildung ist teuer. Als die Universität wegen des eklatanten Lehrermangels Studierende an die Schulen schickte, um auszuhelfen, lief das Fass über. Die Lehrerinnen und Lehrer fühlten sich durch die Maßnahme erst recht degradiert – brauchte man nun nicht einmal mehr ein fertiges Studium, um ihre Arbeit zu machen? Am 8. November 2017 drohten sie mit Streik. Die Regierung lenkte rasch ein: Innerhalb von fünf Jahren sollen die Gehälter nun um rund zwanzig Prozent steigen. Doch das Hauptproblem besteht nach wie vor: Der Beruf ist wenig attraktiv für qualifizierte junge Leute.

Im universitären Bereich hat man allerdings auf die richtigen Bereiche gesetzt: Die Kombination von maltabezogenen traditionsreichen Wissenschaften und modernen Technologien ist attraktiv und garantiert der kleinen Universität internationale Aufmerksamkeit. Wären da nicht auch ein paar Dinge, die man nicht unter den Tisch fallen lassen sollte.

Schatten über dem Paradies

Neue Herausforderungen

In letzter Zeit geriet die Universität mehrfach ins Gerede und brachte eine Schattenseite Maltas ans Licht. Kritisiert wurde der Plan, die Zuständigkeit des Rektors einzuschränken und einem Kollegium unter der Ägide des Premierministers unterzuordnen – natürlich sahen die Universitätsangehörigen die Autonomie in Gefahr.

Ein Universitätsskandal, der sogar politische Kreise zog, war die heftige Diskussion um eine Verwicklung des maltesischen Professors Joseph Mifsud in Donald Trumps Russlandaffäre um die E-Mails von Hillary Clinton. Mifsud wurde vorgeworfen, das Bindeglied zwischen Trump und Russland gewesen zu sein.

Doch es kam noch schlimmer. Die Inseln gelten – leider zu Recht – als Paradies für Steuerflüchtige. Das ist einerseits ein Garant für die stabile Wirtschaft, eine der stabilsten in Südeuropa überhaupt. Diese steuerliche Attraktivität zieht auch Gestalten an, die in letzter Zeit nicht viel Gutes zum Ruf der Inseln beitragen. (Weshalb man auf Malta damit rechnen sollte, beim Besuch einer

Bank zunächst einmal als potenzieller Kapitalverbrecher betrachtet zu werden.)

Von 2016 bis November 2017 gab es insgesamt sechs Anschläge mit Autobomben. Angesichts der ansonsten kaum nennenswerten schweren Kriminalität rüttelten diese Verbrechen auf. Fünf davon verwiesen auf einschlägige Milieus: Die Opfer waren größtenteils polizeibekannt. Seit Jahren haben sich Mafia und 'Ndrangheta auf Malta festgesetzt und betreiben hier, geschützt vor dem Fiskus, ihre Geschäfte, bei denen sie ungern gestört werden. Und es wird bereits spekuliert, ob nicht auch der sechste und international meistbeachtete Anschlag genau damit zusammenhängt.

Am 16.10.2017 wurde die 53-jährige Investigativjournalistin Daphne Caruana Galizia Opfer eines brutalen Mordanschlags. Kaum eine halbe Stunde nachdem sie ihren letzten Blogeintrag über Korruption online gestellt hatte, explodierte unter ihrem Mietauto eine Bombe.

Caruana Galizia galt als wichtigste Journalistin Maltas, ihr Blog wurde quasi auf der ganzen Inselgruppe gelesen und hatte mehr Besucher als alle Tageszeitungen zusammen. Sie galt als eine der 28 Personen, die in Europa wirklich etwas bewegen – als ein One-Woman-WikiLeaks. Im April 2017 hatten ihre Enthüllungen dazu geführt, dass Premier Joseph Muscat zwei Monate später Neuwahlen abhalten ließ: Seine Frau war laut Caruanas Aussage gewaltig in die Affäre um die Panama Papers verstrickt (was beide Muscats dementieren). Diverse hochrangige Regierungsmitglieder sollen verwickelt sein, aber auch Oppositionsführer Adrian Delia von der Nationalist Party geriet in den Fokus der unbestechlichen Journalistin. Malta als Drehscheibe des internationalen Drogen- und Menschenhandels, als Rückzugsort für italienische Mafiosi und libysche Gaddafi-Freunde: die Schattenseite des Inselparadieses.

So stolz Malta immer auf seine geringe Kriminalität war – mit dem Tod von Daphne Caruana Galizia ist der politische Mord in den Diskussionen angekommen. Er wirft einen Schatten auf die Sonneninseln, der dunkler ist als alle bisherigen. Caruana war involviert in einen Prozess, in dem sie als Zeugin aussagen sollte. Es ging um Steuerbetrug. Die maltesische Regierung bezichtigte sie furchtlos der Korruption: »Nichts als Kriminelle, wohin man auch sieht.« Das waren die letzten Worte, die Caruana veröffentlichte. Eine halbe Stunde später war sie tot, ihr verbrannter Körper wurde zehn Meter aus dem explodierenden Auto geschleudert.

Ihr Sohn Matthew, selbst investigativer Journalist, äußerte schnell den Verdacht, die maltesische Regierung stecke hinter dem Mord. Auf Malta herrsche de facto Straffreiheit. Es stimmt immerhin positiv, dass Premier Muscat sofort ankündigte, das FBI einzuschalten. Inzwischen helfen internationale Polizeieinheiten bei der Aufklärung des Mordes mit, sogar eine Belohnung wurde ausgesetzt, und im Dezember wurden drei Verdächtige festgenommen. Sowohl Muscat als auch Oppositionsführer Delia verkündeten, sie hätten zwar im Fokus von Caruana gestanden, doch das ändere nichts an ihrer Entschlossenheit, den Mord aufzuklären. Muscat nannte ihn einen Anschlag auf die Pressefreiheit, und Delia sprach vom »Gesetz des Dschungels«. Es bleibt abzuwarten, ob der Mord an Daphne Caruana Galizia aufgeklärt wird oder ob die Täter davonkommen. Doch sicher ist: Die Art und Weise, wie damit umgegangen wird, dürfte ein Lackmustest für die Pressefreiheit werden, und zwar nicht nur auf Malta, sondern in der ganzen EU.

Tatsächlich gilt Malta als Paradies für jeden, der etwas vor dem Fiskus zu verbergen hat. Gesetzentwürfe gegen dieses Unwesen wurden im Europaparlament von Malta bisher blockiert. Diverse Konzerne haben hier Briefkastenniederlassungen. Nach den Panama Papers ist Malta auch im Rahmen der Paradise Papers ins Visier der Investigativjournalisten geraten. Maßgeblich beteiligt war übrigens der Sohn von Daphne Caruana Galizia. Das ICIJ (International Consortium of Investigative Journalists) wies nach, dass diverse Reiche und Mächtige Malta nach wie vor als Offshoresteueroase nutzen: unter anderem mehrere Vertreter der aserbaidschanischen Finanzelite wie Mübariz Mansimov, aber auch der politischen Elite wie Staatschef Ilham Aliyev, Vertreter aus Politik und Wirtschaft in Russland, Kasachstan, Österreich, der Türkei und Indien – und Rocker Bono. Joseph Muscat meinte dazu trocken, das Problem sei weniger, dass in Malta die Steuern zu niedrig, als vielmehr, dass sie andernorts zu hoch seien, und berief sich auf den Wettbewerb.

Nach dem EU-Beitritt stiegen auch die Zahlen derer, die aus ganz anderen Motiven Malta ansteuern, sprunghaft an. Die Migrantenströme aus Afrika sind gewaltig, und größere Aufnahmekontingente würden die kleine, ohnehin dicht besiedelte Inselgruppe naturgemäß völlig überfordern. Vor einigen Jahren noch war die Situation angespannt. Inzwischen befinden sich weniger Migranten auf den Inseln, und regelmäßig sieht man die Schiffe der Küstenwache in einiger Entfernung kreuzen. In den letzten Jahren hat sich auf Malta wie überall in Europa der Ton verschärft. Auch hier polarisiert sich die Gesellschaft beim Thema Massenmigration, wobei die meisten Malteser eine kritische Haltung dazu haben. Die maltesischen Inseln sind klein, und bis vor wenigen Jahrzehnten waren die Menschen dort selbst noch bitterarm.

Die meisten der größtenteils aus Afrika stammenden Migranten wollen ohnehin in andere europäische Länder. Malta ist für sie nicht attraktiv: Nur selten finden sie hier Arbeit, die finanziellen Zuwendungen sind gering. Da viele sich verschuldet haben, um überhaupt nach Europa zu kommen, stehen sie unter Druck, Geld nach Hause zu schicken. Bereits 2016 berichtete die Nachrichtenagentur Reuters, dass aus dem Niger der Ruf nach einem Marshallplan für Afrika gekommen sei. Owoeye Olomide, Demografieforscher aus Nigeria, betonte den Zusammenhang von Geburtenüberschuss und Migration. »Das kann man nicht nur mit Geld lösen«, meint er. »Es werden einfach zu viele Leute. (…) Man muss die Geburtenrate senken und die Bevölkerungsdichte reduzieren (durch Stärkung und Bildung der Frauen).«

Doch mit der Emanzipation der Frauen tut man sich, wie überall auf der Welt, offenbar schwer. Zu groß, schrieb der britische *Guardian* im Januar 2016, sei der Einfluss von Religionen, patriarchalischen Traditionen und Fehlinformationen über Kontrazeptiva. Auch die reichen Industrienationen scheinen dieser so naheliegenden Strategie nicht die oberste Priorität einzuräumen. Ein wenig Mut machten indes aktuelle Entwicklungen in Kenia und Sambia, wo einige erfolgreiche kleine Hilfsprojekte neue Perspektiven bieten.

Die Entwicklung in Afrika betrifft unmittelbar auch Malta. Joseph Farrugia, der Direktor der Malta Employers' Association (MEA), erklärte, dass »in einem Land mit unabänderlichen geografischen Begrenzungen (…) langfristige Planung essenziell« sei, um Wirtschaft und Lebensstandard in dieser Situation stabil zu halten.

Die letzten Jahre waren nicht leicht für die maltesischen Inseln. Die Herausforderungen sind groß für das winzige Land, das im Schnelldurchlauf innerhalb von etwas mehr als fünfzig Jahren Kolonialzeit, Wirtschaftskrise und EU-Beitritt zu stemmen hatte. Ja, ich kenne die Probleme, die es hier gibt. Ich finde es wichtig, sie beim Namen zu nennen, gerade weil ich Malta liebe. Aber ich denke auch, dass Malta auf einem guten Weg ist und dass es auch viel Gutes zu sagen gibt. Nach dem Mord an Daphne Caruana Galizia gingen die Malteser massenweise auf die Straße. Sie demonstrierten gegen Korruption, gegen den brutalen Journalistenmord, für mehr Transparenz und Gerechtigkeit. Forderten eine schnelle und lückenlose Aufklärung ohne Rücksicht auf die Position derer, die vielleicht involviert seien. Auch Politiker wurden übrigens bei der Demonstration gesehen – Joseph Muscat allerdings nicht.

Bereits kurz nach dem Tod der mutigen Journalistin gründeten drei erfahrene Kollegen eine neue investigative Webseite, *The Shift*. Sie verstanden den Mord als Weckruf, »die Macht der Feder zu betonen gegenüber der Macht von Kriminellen, die uns zum Schweigen bringen wollen, um Profit zu machen«. Und im Internet benennen maltesische Blogger mehr als deutlich, was auf ihren Inseln nicht in Ordnung ist. Es gibt eine starke Zivilgesellschaft und genug Malteser, die in die Fußstapfen von Daphne Caruana Galizia treten werden. Vielleicht hat ihr Tod nun doch wenigstens für ihre Landsleute das Fass zum Überlaufen gebracht, sodass sie eine Veränderung von ihrer Regierung erzwingen. Ich traue es ihnen zu.

Trau keiner Kirchturmuhr

Die Zeit

Angesichts der Panama und Paradise Papers kann man sich schon fragen, wem man noch trauen kann. So manch einer wendet sich in diesem Gefühl an die Kirche, im wohltuenden Gefühl, dass zumindest eine Kirchturmuhr nicht lügt.

Vergessen Sie es.

Ich erzähle Ihnen noch, warum. Das hat nämlich einen ganz konkreten Grund.

Dabei sind Kirchturmuhren sehr wichtig, wird auf Malta doch gerade von der Kirche die Zeit ganz genau strukturiert. Etwa durch die Gebete, die fällig sind – bei so vielen Menschen mit religiösem Beruf fällt das durchaus noch ins Gewicht.

Malta hat jede Menge Klöster, und findige Äbte und Prioren füllen mit Retreats ihre Kassen. Die geistlichen Herren wissen durchaus von der spirituellen Sehnsucht, die sich mancherorts mangels anderer Inhalte ausbreitet, zu profitieren. Am Rande von Gozos Hauptstadt Victoria liegt zum Beispiel ein Gästehaus, in dem Touristen zur Ruhe kommen und Gläubige ihre Exerzitien abhalten können. Strenge klösterliche Kargheit kennzeichnet das Innere, so verschwenderisch die Gärten auch blühen mögen. Besucher treffen hier einmal täglich ihren betreuenden Geistlichen und gestalten ansonsten ihre Zeit nach Belieben: mit Gebeten, Exerzitien, auf Wunsch auch schweigend mit eigenem Essbereich. Der Tagesablauf der Mönche ist durch Gebete strukturiert – die Zeit klar eingeteilt, jeder Tätigkeit wird eine bestimmte Dauer zugemessen. Sieben Gebete am Tag haben christliche Mönche traditionell zu absolvieren: von der Prim frühmorgens bis zur Komplet vor dem Schlafengehen, die Nachtruhe unterbrochen durch die Matutin um Mitternacht. Derselbe Tageszyklus gilt natürlich auch für Nonnen. Übrigens gibt es in Valletta auch Malteserordensschwestern, und zwar im Kloster St. Ursula. Wohnen kann man dort allerdings nicht. Zahlende Gäste sind im Katholizismus meist den Männerklöstern vorbehalten.

Auf Gozo geht es – sagt man zumindest – allemal kontemplativer zu als auf der Hauptinsel. Noch immer ist Gozo bäuerlich geprägt, obwohl von der Landwirtschaft kaum noch jemand leben kann. Auch früher war das schon hart genug – wenn Malta arm war, war Gozo bettelarm. In Scharen wanderten die Gozitaner nach dem Zweiten Weltkrieg aus, in alle Länder, in denen man Englisch sprach und sein Glück machen konnte: nach Kanada, Australien, Großbritannien und in die USA. Nicht zuletzt wegen der Folgen dieses Exodus steht Gozo in dem Ruf, beschaulicher zu sein als Malta. Doch das gilt nur für bestimmte Stellen. Zwar ist die Hafenansicht von Xlendi mit der winzigen Promenade ein beliebtes Fotomotiv. Was jedoch gewöhnlich nicht gezeigt wird, sind die viel zu großen Hotelkomplexe oberhalb davon. Genauso

Marsalforn, der Backofenhafen: Hier hat man das Gefühl, auf einem Rost mit Hunderten teutonischer und britischer Grillsardinen zu liegen, viel zu vielen für den kleinen Sandstrand.

Doch geht man von den Küsten weg ins Landesinnere, kann man, besonders außerhalb der Sommersaison, den ruhigeren Takt der Insel spüren. Terrassierte Felder, Bruchsteinmäuerchen, Kaktusfeigen und im Herbst Kürbisse auf den Dächern. Ziegen und ab und an ein Esel oder ein struppiges Pferd auf einer kargen Weide. Thymian und wilder Kümmel am Wegrand zwischen den Steinen. Gar nicht weit vor den Toren von Victoria zieht sich das wasserreiche Lunzjata Valley abwärts. Früher war es eines der Jagdreviere der Ordensritter, heute wird es landwirtschaftlich und als Naherholungsgebiet genutzt. Am Eingang zum Tal, abgegrenzt mit einem Torbogen, steht eine weiße Kapelle, Mariä Verkündigung (auf Malti *Lunzjata*), halb in den Felsen gebaut. Hier ist es kühler. Draußen reckt ein Feigenbaum seine gewaltigen Blätter in den Weg. Zwischen den Hügeln strebt das Tal dem Meer zu, durchbrochen von Brücken und ummauerten Feldern. Das Glucksen der kleinen Bewässerungskanäle ist zu hören, das allgegenwärtige Schrillen der Zikaden. Aber ganz gleich, wo man auf Gozo unterwegs ist, immer wieder wird man Glockengeläut vernehmen. Stets tauchen plötzlich Kirchen auf, viel zu groß für dieses Fleckchen Erde. Xewkija hat seit einiger Zeit Mosta übertrumpft und besitzt mit 75 Metern die dritthöchste Kuppel Europas. Auf Malta und Gozo geizt niemand mit Spenden, wenn es darum geht, die größte Festa zu feiern oder die höchste Kuppel zu bauen. Auch wenn das eigene Häuschen dafür mit der Renovierung noch warten muss. Aber die heilige Jungfrau wird es schon beschützen.

Eine solche Kirche ist auch die 1920–1931 erbaute neoromanische Basilika Madonna ta' Pinu. Neugierige kommen hierher, Wallfahrer, Bittende. Anlass für diesen Bau war eine Erscheinung der heiligen Jungfrau 1888 – eine von so vielen im Gefolge von Lourdes (1858). Seit damals soll die Madonna unzählige Wunder bewirkt haben.

Aber auf Gozo gibt es so viele Legenden um Heilige und Erscheinungen, und daher ist es beinahe ein Wunder, dass nur Ta' Pinu zum Wallfahrtsort wurde. Schon die Türken, so erzählt eine dieser Legenden, wurden von einer Frau in Gestalt eines Marienbilds vertrieben. Ein Bauernjunge behauptete, vom heiligen Demetrius gerettet worden zu sein. Und auch beim großen Erdbeben im sizilianischen Val de Noto von 1693, als überall in Europa Zerstörung und Tote zu beklagen waren, sollen die Gebete der Gozitaner ihre Wirkung getan haben: ein Tsunami in der Bucht von Xlendi, der Absturz gut eines halben Hektars Land bei Ta' Ċenċ, eingestürzte Häuser – aber niemand kam zu Schaden.

So arm die Insel in materieller Hinsicht war, so reich ist Gozo an Legenden um heilige und unheilige Gestalten. Schatzsucher hoffen noch immer, das sagenhafte Goldene Kalb aus der Bibel zu finden, das nebst einem phönizischen Schatz bei Victoria vergraben sein soll. Und wer in eine der zahllosen Kirchen geht, wird vielleicht bemerken, dass auf den Altarbildern Mattia Pretis, der 1661–1699 auf Malta und Gozo arbeitete, immer wieder ein finster blickender Bursche zu sehen ist, der oft den Teufel darstellt. Hierbei handelt es sich um einen muslimischen Sklaven des Malers, der vermutlich vorher als Pirat tätig gewesen war. Er galt als unheimlich und gewalttätig. Gefürchtet war er auch in den Kneipen von Gozo und Malta, denn er pflegte sich zu betrinken und dann in seinem Rausch über alles herzuziehen, ganz besonders über die Ordensritter. Aber niemand verriet ihn, zu wichtig war der finstere Geselle als Modell. Und so ziert er noch heute so manchen Altar und beflügelt so manche Legende.

Der Glaube hat zu guter Letzt nicht nur die Pharmaindustrie um den Fungus Rock promotet, sondern auch einfache Rezepte mit magischem Hintergrund hervorgebracht, die ebenfalls mit dem Kirchenkalender zusammenhängen: Wenn im August die Perseiden über die maltesischen Inseln ziehen, findet man auf den Feldern oft Meteoritgestein: kleine, schwärzliche Brocken, ein Material aus einer anderen Welt. Lange glaubte man, es seien Brocken aus der Asche des heiligen Lawrenz, die wundersame Kräfte hätten. Hatte nicht der Heilige seine Festa genau in der Zeit, wenn die schwarzen Brocken vom Himmel regneten? Und so benutzte man auch die Meteoriten als Heilmittel (einen größeren Vertrieb wie beim Malteserschwamm gab es offenbar aber nicht).

Die rund 30 000 Gozitaner sind bis heute ein eigenständiges Völkchen geblieben, das gern unter sich bleibt. Mit eigenem Bischof, eigenem Dialekt, zwei Opernhäusern in dem 6500-Seelen-Ort Victoria – auch im kulturellen Bereich zeigt sich die für die Inseln typische Leidenschaft, sich gegenseitig zu übertrumpfen. Bei etwa 2400 Plätzen kann also fast die halbe Stadt jeden Abend der kulturellen Erbauung frönen. (Allerdings werden die Häuser heute auch als Kinos genutzt.)

Die Jugend, die auf Malta arbeitet und feiert, hat nicht immer Sinn für Dorfromantik, *Ftira* (meist gefülltes Brot), Oliven und *Ġbejna* (Käse). Aber jenseits der Partymeile hat auch dort im Kalender die Kirche das Sagen. Das merkt man, wenn man die vielen Feste im Jahreskreis betrachtet. So wie die Gebete der Mönche im Retreat den Tag strukturieren, so strukturieren die kirchlichen Feiertage das Jahr, inzwischen ergänzt um den einen oder anderen weltlichen. Sie dachten doch wohl nicht, die Festa wäre schon alles? Seit einiger Zeit wird auch auf Malta im Herbst neben dem katholischen Allerheiligen Halloween gefeiert. Vom stilvollen Tanz der Vampire im Palais (zu dem keine billigen Plastikmasken erlaubt sind, sondern formaler viktorianischer Dresscode gepflegt wird!) über Gruselführungen durch Valletta bis hin zu den üblichen Kinderevents beteiligen sich jetzt auch die Malteser begeistert an dem Fest mit den vielen Kürbissen. Letztere werden auf Malta ja ohnehin seit Ewigkeiten angebaut – nun haben sie endlich auch ihr eigenes Fest!

Weiter geht es direkt mit dem heiligen Martin. Sein Fest markiert den Beginn der Adventszeit, des vierzigtägigen Fastens vor Weihnachten. Kein Wunder, dass davor noch einmal kräftig gegessen wird. Kinder werden, ähnlich wie in Deutschland zu Nikolaus, mit einem Sack Nüsse beschenkt, der *Borża ta' San Martin*. In manchen Gemeinden finden sogar Wettbewerbe um den größten Sack statt (Martinssack, versteht sich!): Der Rekord liegt derzeit bei rund fünfhundert Kilo!

San Martin wird natürlich auf ganz maltesische Art gefeiert. Das bedeutet, das ganze Dorf kommt zusammen und schart sich zum Beispiel um einen Kastanienofen, nascht Süßigkeiten, die in den nächsten vierzig Tagen tabu sind, bewundert vielleicht sogar die größten und fettesten Rammler (bei einer Kaninchenschau natürlich) – und freut sich schon aufs nahende opulente Mahl mit der Familie. Der Duft der gerösteten Esskastanien liegt überall in der Luft und mischt sich mit der winterlichen Seeluft, die um diese Jahreszeit um die fünfzehn

Grad hat – gefühlt ist es allerdings oft weniger, weil der Wind die Luftfeuchtigkeit auf der Haut erst richtig fühlbar macht. Sankt Martin ist für die Kinder aber vor allem ein Fest der Nüsse und Feigen: *Ġewż, lewż, qastan, tin – kemm inħobbu il San Martin!*, lautet ein Kinderreim: Walnüsse, Mandeln, Kastanien und Feigen – wie ich den Martinstag liebe!

Von da an ist es nicht mehr weit bis Weihnachten. Man sagt, Malta habe ebenso viele Kirchen wie Tage im Jahr, und an Weihnachten sind sie alle voll. Die Zeit, in der in Deutschland viel Wert auf Besinnlichkeit gelegt wird, ist auf Malta etwas lebhafter. Außer am 25.12. haben die Geschäfte geöffnet, und man trifft sich zum Krippenbewundern bei Freunden und in den Kirchen. Ähnlich wie in Süditalien sind die *presepj* (Krippen) ein wichtiger Bestandteil von Weihnachten und werden mit sehr viel Liebe zum Detail und in teuren und weniger teuren Ausführungen überall stolz gezeigt. Die Krippentradition geht auf das 17. Jahrhundert zurück, also weit in die Ordenszeit und steht vermutlich in enger Beziehung zum italienischen Krippenwesen.

Die Stromkosten (und damit verbundene Probleme) steigen in dieser Zeit massiv an. Denn jede maltesische Familie, die etwas auf sich hält, verwandelt zur Weihnachtszeit ihre Bleibe in ein funkelndes Lichtermeer, das die Nacht zum Tage macht. Die Innenstädte funkeln und glitzern. Man führt seinen Pelzmantel aus (der ab fünfzehn oder zehn Grad plus bereits für notwendig erachtet wird), und diverse Prozessionen und Paraden machen die Straßen zur Partymeile. Überall glitzert und funkelt es, von den Kirchen schallen Gloriagesänge aus Lautsprechern, überall blinken bunte Engel, Sterne und Bäume. Auf den Weihnachtsmärkten gibt es nicht nur Krippen und Santa-Claus-Bilder zu sehen. Manche kostümieren sich als Josef und Maria und posieren mit Ochs, Esel und Kind als lebende Krippe – und nicht selten sieht man auch an den Verkaufsständen kostümierte Römer, Hebräer und Frühchristen. Es duftet nach heißer Schokolade mit Gewürzen. Und natürlich wird auch hier wieder ein beinharter Wettkampf ausgefochten: Welche Pfarrei hat den höchsten Weihnachtsbaum? Die Bäume an sich sind schon Kunstwerke, meterhohe Lichtinstallationen, die eigentlich schon fast als Leuchttürme einsetzbar wären. Vor dem Parlament in Valletta stand 2017 ein sieben Meter hoher Baum, der aus zweitausend mundgeblasenen Kugeln aus Mdina-Glas zusammengesetzt war.

Natürlich darf auch hier ein opulentes Familienmahl nicht fehlen – typisches Weihnachtsessen ist Truthahn, und zum Nachtisch gibt es natürlich die genannten Honigringe, *Qagħaq tal-għasel.* Auch der italienische Panettone ist verbreitet. Solchermaßen gestärkt, geht es in die Christmette um Mitternacht. Hier gibt es eine Besonderheit, nämlich die Kinderpredigt, *il-Priedka tat-Tifel.* Der Pfarrer macht einen Moment lang Platz für einen Jungen im Grundschulalter, der die Weihnachtsgeschichte verliest und sie mit ein paar persönlichen Worten, zum Beispiel seinen Wünschen, kommentiert. Am Ende gibt es ein paar freundliche Worte vom großen Priester, ein kleines Geschenk und reichlich Beifall von der Gemeinde. Im Anschluss an die Christmette folgt manchmal noch die Kinderprozession, bei der Jungen und Mädchen eine Figur des Jesuskindes durch die Straßen tragen. Alles natürlich wie immer begleitet von der Banda, der Musikgruppe.

Ein gar nicht christliches Element gehört allerdings auch zu Weihnachten, und es ausfallen zu lassen käme niemandem in den Sinn: die Weihnachtspantomime! Diese kleinen Stücke nehmen oft bekannte Themen auf, wie etwa Dickens' *Weihnachtslied in Prosa*, klassische Märchen wie *Rapunzel* – oder moderne Märchen wie eine neue Adaption der *Schatzinsel*, die irgendwo zwischen Stevenson und *Fluch der Karibik* auf Malta angesiedelt ist. Die Stücke sind nicht allzu lang und enthalten Musik- und Tanzeinlagen und sehr viel Komik, sodass sie oft schon richtige kleine Musicals sind. Allerdings können sie auch pikante oder kabarettistische Elemente haben. In der *Treasure-Island*-Produktion von 2015 aus Ta' Qali etwa wird der jugendliche Held, der als Miniversion von Orlando Bloom gegen Piraten und einen schrecklichen Fluch zu Felde zieht, von, raten Sie! – richtig: seiner Mutter begleitet.

Haben Sie Weihnachten überstanden und liegen noch nicht mit Verdauungsproblemen oder Hörsturz im Krankenhaus, naht die nächste Herausforderung: An Silvester gibt es natürlich ein Feuerwerk, das sich sehen lassen kann. Wir müssen nicht darüber reden, was das bedeutet – Sie waren ja schon auf der Festa. Das nächste »richtige« Fest ist der Karneval. Wieder ein Fest, das den Beginn einer Fastenzeit markiert, dieses Mal der vor Ostern. Belegt ist er frühestens seit etwa 1400, so richtig bedeutend wurde er aber erst unter den Johannitern. Heute zählt der Karneval zu den beliebtesten Festen auf Malta.

Die prachtvollen Wagen und die ausladenden, knallbunten Kostüme sind allein schon eine Augenweide: Meist selbst gemacht, werden sie schon Wochen vorher aufwendig und mit Liebe zum Detail fertiggestellt. In Valletta sind die Straßen mit bunten Girlanden geschmückt, überall dröhnt Musik aus den Lautsprechern, es blitzt und blinkt und funkelt an den Wagen. Während des Umzugs finden richtiggehende kleine Tanzshows statt: Kinder versuchen bei Tanzwettbewerben ihr Glück. Besonders erwähnenswert unter den mancherorts stattfindenden lokalen Attraktionen sind die *parata*, der Schwerttanz, der an die Große Belagerung und den Sieg über die Türken erinnern soll, die *kukkanja* (Schlaraffenland), bei der Essen und kleine Geschenke an einen Baum gehängt werden und heruntergeholt werden müssen, und die *veljuni*, die Maskenbälle, die oft in Theatern stattfinden. Seit 1926 gibt es ein Karnevalskomitee in Valletta, das die Themenwagen, die *karrijiet*, koordiniert. Eine Karnevalshymne gehört ebenso dazu wie die eigene Hymne bei der Festa. Und wie in anderen Städten Europas geht es bei den bunten Wagen und Figuren nicht nur um Geister und Dämonen, sondern oft auch um politische Satire. Auch der alte Jean de La Valette kann sich da schon mal die Ehre geben und von einem der Karnevalswagen winken.

Auf Gozo sind die Kostüme nicht nur schön und bunt, sondern erfüllen ähnlich wie zur Ritterzeit noch einen anderen Zweck: die Identität ihrer Trägerinnen und Träger zu verbergen. Aus diesem Grund paradieren in Nadur die fantasievollen, oft schaurigen Kostüme stumm durch die Straßen. Da meint man manchmal, der Planet der Affen sei plötzlich nach Gozo verlegt worden – wären da nicht die Zombies, Teufel, Mr. Beans, Sensenmänner und andere düstere und seltsame Gestalten. Neuerdings sieht man auch schon Horrorclowns. Dass die Darsteller nicht sprechen, sondern sich nur mit Gesten verständigen, heißt aber nicht, dass es ruhig zuginge. Auch hier spielt natürlich laute Musik, stehen Buden am Straßenrand, und das Schweigen der Maskenträger machen die

Zuschauer durch Jubel und Beifall wieder wett. Die Gozitaner haben genauso viel Spaß am Karneval wie die drüben auf Malta! Wer allerdings glaubt, hier im Schutz grotesker Masken die eine oder andere Liebschaft für ein Stündchen zu finden, dem sei gesagt: Die Chancen stehen schlecht. Denn die Mütter sind auch hier allgegenwärtig.

Wer danach einen Rausch auskurieren muss (das dürften die meisten sein), hat dazu nicht lange Zeit. In diesem Zeitraum gibt es nämlich noch einen speziell maltesischen Feiertag, das Feast of Saint Paul am 10. Februar. Bei so vielen heidnischen Bräuchen muss schließlich auch die Kirche wieder an sich erinnern. An diesem Tag gedenkt man des Schiffbruchs des Heiligen vor der Insel. Kein Wunder also, dass die Malteser Theorien, dass der heilige Paulus überhaupt nie auf Malta war, gar nicht schätzen. Denn hier geht es nicht nur um die nationale Ehre, sondern auch um einen Feiertag mit allem Drum und Dran: arbeitsfrei, Prozession, Konfetti, Feuerwerk – quasi eine zusätzliche Festa. Gefeiert wird in der dem Heiligen geweihten Schiffbruchskirche in Valletta. Sie stammt aus dem 16. Jahrhundert, wurde also beim Stadtbau eingeplant. Nur die Fassade wurde im 19. Jahrhundert erneuert. In ihrem Inneren befinden sich mehrere Reliquien des Heiligen und eine Statue von Melchiorre Gafà aus dem Jahr 1657. Sie wird am 10. Februar nach einer feierlichen Messe durch den Erzbischof in feierlicher Prozession durch die Straßen Vallettas getragen. Dazu gibt es viel Bier, viel Musik und, Sie ahnen es, das übliche Feuerwerk.

In der Fastenzeit atmet so manch einer vielleicht ein wenig durch. Aber lange Zeit hat er dazu nicht. Ostern naht! Wie in Deutschland ist es sowohl religiöses als auch

Frühlingsfest, allerdings beginnt es ganz mediterran bereits am Palmsonntag eine Woche vorher. Wie in vielen katholischen Gebieten gehören am Gründonnerstag Blumen und ein Abendmahl dazu, und am Karfreitag gibt es erste Prozessionen – noch in dunklen Farben gehalten und mit Trauerliedern, aber auch die sind pompös. Nicht einmal der Tod des Heilands bringt die Festkultur auf Malta zum Erliegen.

In Mosta glaubt man sich mitten im Dreh für eine Neuauflage von *Ben Hur*, wenn Menschen in römischen und hebräischen Prachtkostümen durch die Straßen ziehen und Banner mit der Aufschrift SPQR wehen. Ganze Olivenbäume bewegen sich als tragbare Kulisse schwankend durch die von Zuschauern dicht gesäumten Straßen. Auch hier wird eine Statue des leidenden Christus durch die Straßen getragen, gefolgt von Büßern und Ketzern, erkennbar an Ketten und das Gesicht verdeckenden Masken. Verschiedene Szenen aus dem Kreuzweg werden mit Statuen dargestellt: der gefangene Christus, der das Kreuz tragende, der am Kreuz hängende. Dazu die nicht kostümierten Mitglieder der beteiligten Vereine und natürlich wieder die eigene Musikband. Manche Gemeinden veranstalten sogar eigene Passionsspiele, und natürlich hat jede Gemeinde ihre eigenen Klagelieder.

Die eigentliche Osterfeier beginnt schon am Samstagabend mit Lichtern und Glockengeläut zur Osternacht. In Valletta gibt es seit dem 17. Jahrhundert die Confraternity of the Risen Christ (Bruderschaft des auferstandenen Christus), die für eine gigantische Prozession am Ostersonntag mit einer Statue des auferstandenen Jesus verantwortlich ist. Wieder einmal eine Gelegenheit, um eine der oft alten Statuen stundenlang durch die Straßen zu tragen, zu bejubeln und mit Konfetti zu bewerfen …

Statuen sind schließlich nicht dazu da, um in der Kirche vor sich hin zu modern.

Und so werden zu Ostern fast auf der ganzen Insel Christusstatuen durch den Ort getragen. Da wird auf einmal der Verkehr gestoppt. Die Stärksten unter den Trägern machen sich bereit und halten die Statue. Dann der Countdown: drei – zwei – eins – und los rennen sie! Der Auferstandene legt einen guten Hundert-Meter-Sprint hin, ehe ihn am Ende alle auf ein Kommando hin hoch in die Luft heben, begleitet vom tosenden Applaus des Publikums. Christus ist wieder unter ihnen!

Überspringen wir die restlichen Höhepunkte des Kirchenjahrs und gehen noch auf zwei typisch maltesische Anlässe ein: Sette Giugnio und St. Peter and Paul.

Sette Giugnio, der 7. Juni, ist einer von Maltas Nationalfeiertagen. Mich freut es, dass er ausgerechnet auf meinen Geburtstag fällt. So haben wir immer gemeinsam etwas zu feiern, Malta und ich. Und irgendwie gibt es mir das Gefühl, dass ich sozusagen schon von Geburt an eine persönliche Verbindung zu meiner Lieblingsinsel habe. Auch wenn der Anlass eher traurig ist.

Der Tag erinnert an den Tod von vier Maltesern, die 1919 bei Unruhen gegen die britische Besatzungsmacht ums Leben kamen. Insgesamt war das Verhältnis zwischen Malta und Großbritannien gar nicht schlecht und ist bis heute eng. Doch durch den Ersten Weltkrieg hatte sich die wirtschaftliche Situation Maltas dramatisch verschlechtert. Schuld war die Beeinträchtigung des Seehandels, auf dem die maltesische Wirtschaft damals vor allem beruhte. Außerdem hatte es wegen der Sprachpolitik der Kolonialregierung Ärger gegeben, die den Maltesern das Gefühl gegeben hatte, als unterworfenes Land und nicht als ebenbürtige Bürger behandelt zu werden. Es kam zu

Aufständen, der Ruf nach Unabhängigkeit wurde laut. Gerade als sich die Wogen zu glätten begannen, verloren tragischerweise britische Soldaten die Nerven und feuerten in eine unbewaffnete Menschenmenge. Dabei kamen die vier Aufständischen ums Leben.

Der 7. Juni ist einer von mehreren Feiertagen, die mit der Unabhängigkeit in enger Verbindung stehen. Der Freedom Day am 31.3., der Independence Day am 21.9. und der Republic Day am 13.12. erinnern an verschiedene Daten im langsamen Prozess der Unabhängigkeit von Großbritannien. Der Victory Day am 8.9. bezieht sich hingegen auf das Ende der Großen Belagerung durch die Türken und außerdem auf das der italienischen Belagerung 1943.

Für ein so kleines Land besitzt Malta also eine ganz beträchtliche Anzahl von Nationalfeiertagen. Aber nach so vielen Jahrhunderten unter fremder Herrschaft ist das vielen Maltesern noch heute ein Bedürfnis. Sie sind stolz auf ihre Eigenheiten, auf ihre Kultur.

Die nächste Party wird am 29. Juli (oft schon am 28. beginnend) fällig: am Tag der Heiligen Peter und Paul. Der heilige Paulus ist bekanntermaßen der Schutzpatron Maltas, aber auch sein Kollege Petrus genießt als Schutzpatron der Fischer großes Ansehen – war dieser Beruf doch bis weit in die Gegenwart hinein noch existenziell wichtig für viele Menschen. Vor allem auf Gozo im Örtchen Nadur – das ja auch seinen ganz eigenen Karneval feiert – kann man die ursprüngliche Bedeutung als Erntefest noch gut erkennen, die neben dem religiösen Aspekt mitspielt. In vielen Orten gibt es an diesem Tag Kaninchenessen und Pferderennen – besonders stimmungsvoll ist das in Mdina, wo das *palju* auf die Ordensritter zurückgeht. Möglicherweise standen hier die italienischen Ordensherren Pate: In Italien sind *palio* genannte Rennen (zu Pferde oder auf Schusters Rappen als Mehrkampf) ebenfalls üblich. Das bekannteste dürfte das Palio von Siena sein, das noch immer so erbittert ausgefochten wird, dass alljährlich schwere Unfälle zu verzeichnen sind.

Kirche und Feste teilen so das Jahr in verträgliche Häppchen, sodass die Arbeit immer wieder durch lokale oder landesweite Festas und Feiertage durchbrochen wird.

Da wir noch immer beim Thema Zeit sind und uns das Thema just nach Mdina geführt hat, halten wir doch einen Moment lang inne. Denn wenn man auf Malta über die Zeit meditieren will, gibt es zwei Orte. Einer davon ist der Mnajdra-Tempel, wo wir ja schon waren. Der zweite ist Mdina.

Mdina bedeutet zunächst einmal nur »die Stadt«. Auf einem Ausläufer der Dwejrahügel liegend und von ferne wie ein gestrandetes Schiff in die Höhe ragend, war der festungsartige Ort der Mittelpunkt der Insel – im wahrsten Sinne des Wortes, denn er liegt in der Mitte von Malta. Der Grundriss entspricht in etwa der mittelalterlichen Stadt. In römischer und arabischer Zeit muss sie sich bis weit in die Ebene hinein erstreckt und mit der heutigen Vorstadt Rabat eine Einheit gebildet haben. Auch dieser Name ist semitischen Ursprungs. Rabat bedeutet »Vorstadt« oder »Stadtviertel«, im Westarabischen findet man es auch bei Hauptstädten: Der Name der marokkanischen Stadt Ribat hat dieselbe Wurzel, die sich vom Verb für (Reittiere) »anbinden« herleitet. Auch der maltesische Name für Gozos Hauptstadt Victoria ist Rabat. Rabat und Mdina verweisen also beide als »die« Stadt auf das jeweilige Verwaltungszentrum.

In früheren Zeiten war dieses Verwaltungszentrum die sogenannte *università*, die Selbstverwaltung des Adels. Man sprach Italienisch. Als die Ordensritter in die Region des Großen Hafens umzogen, verlagerte sich auch das administrative Zentrum der Inseln an die Küste. Mdina, die *città notabile* (edle/Adelsstadt), verlor an Bedeutung, wurde zur *città vecchia* (alte Stadt). Bewohner zogen weg, die Paläste verfielen. St. Paul, eigentlich die Hauptkathedrale Maltas, wirkte verödet. Nur die Adelsfamilien, die auf sich hielten, besaßen noch ihre Kapellen im Dom.

Als ich das erste Mal in Mdina war, konnte ich dieses Gefühl der Verlassenheit noch deutlich spüren. Die Jugend war in die aufstrebenden Städte um den Großen Hafen gezogen, wo der Tourismus Arbeit versprach. Wer traditionelle Kunsthandwerksformen wie Klöppeln und Silberfiligranarbeit beherrschte, stellte im nahen Ta' Qali Souvenirs her.

Il-Belt tas-skiet, die Stadt des Schweigens, nannten sie die Malteser. Kaum noch ein Schritt war in den Gassen zu hören, nur selten hallte das Geräusch von Pferdehufen wider. Die bröckelnden Mauern der verlassenen Adelspaläste waren mit grauen Spuren von Abgasen überzogen. Kaum irgendwo war eine Pflanze zu sehen. Der Graben mit den Howards Gardens, den man überquert, um das Stadttor zu erreichen, war ausgetrocknet. Nur der Wechsel von Licht und Schatten schien die ausgestorbenen Straßen zu beleben. Die Schwüle drückte in den engen gewundenen Gassen, durch die der Wind nicht so leicht strich wie im Schachbrettmuster von Valletta. Die alte Stadt schien in einer Blase in der Raumzeit konserviert, als würde ein gewaltiger unsichtbarer Gravitationsherd die Uhren langsamer gehen lassen.

Selbst der Massentourismus konnte das nicht ganz verändern.

Die verträumte *città vecchia* war zum Glück rechtzeitig komplett verkehrsberuhigt worden – nur ganz wenige Anwohner dürfen hier mit dem Auto fahren. Schilder mit durchgestrichenen Hupen machen unmissverständlich klar, dass sich daran auch heute nichts ändern soll, trotz der Touristen. Da sich die Stadt in kürzester Zeit durchqueren lässt – wie vieles auf Malta –, dürfte das kaum jemanden stören. In wenigen Minuten sind der idyllische Palazzo Falson und die Bastion erreicht.

Hier fand ich als Teenager damals endlich einen Buchladen, wo es einen für die praktische Anwendung geeigneten Sprachführer Malti gab, wenngleich er schon damals ein wenig in die Jahre gekommen war: von Capt. Paul Bugeja, einem Weltkriegsveteranen! Erstmals 1958 war er erschienen und somit rettungslos veraltet und ein echtes koloniales Relikt. Da lernte man noch Sätze, wie man ein Hausmädchen einstellt, wobei unter anderem die Frage, ob sie denn lesen könne, aufgeführt war! Das schmale Bändchen besitze ich heute noch. Mittlerweile ist es zerfleddert und zu Tode geliebt, und natürlich hat es längst Gesellschaft bekommen. Aber es erinnert mich an meine ersten Gehversuche in einer semitischen Sprache: in glühender Hitze auf der Bastion von Mdina.

Heute ist Mdina zu neuem Leben erwacht. Gleich hinter dem Stadttor befindet sich ein Museum und ein paar Straßen weiter ein kleines, exklusives Hotel mit Gourmetrestaurant in einem Palais aus dem 17. Jahrhundert.

Nicht nur die Touristen, auch die Malteser sind zurück in der Stadt und haben Läden, Cafés und Museen eröffnet. Die Mauern so mancher alter Häuschen sind renoviert worden, mancher kleine Adelspalast erstrahlt in neuem Glanz. Fassaden wurden vom Grau befreit und strahlen wieder im hellen Gelb des Globigerinenkalks, Blumen wurden gepflanzt, und der einst staubige und steinige Graben hat sich in einen hübschen Park verwandelt. Auf einmal scheint es, als sei die »alte« Stadt wieder jung und attraktiv geworden. Dennoch tritt wieder Stille ein, wenn die Touristen am Abend die Stadt verlassen haben. Und wieder hat man in vielen Gassen den Eindruck, dass die Zeit stehen geblieben ist. Aber was bedeutet schon die Zeit?

Ach ja: Die Sache mit den Uhren wollte ich Ihnen ja noch erzählen. Sie werden feststellen, dass auf Malta fast alle Kirchen zwei Uhren haben, von denen immer nur eine die richtige Zeit anzeigt. Das hat System: Der Teufel, so glaubt man, kann sich nämlich ohne korrekte Uhrzeit nicht zurechtfinden (also ein bisschen wie ein moderner Börsenzocker) und wird, solchermaßen desorientiert, schleunigst das Weite suchen und auf gar keinen Fall der Messe beiwohnen. Seit meinem ersten Besuch auf Malta habe ich deshalb keine Armbanduhr mehr getragen. Schließlich bin ich Atheistin, und auch wenn ich nicht an den Teufel glaube, ist es gut zu wissen, dass er mich so nicht finden kann. Sicher ist sicher.

Brot und Steine

Die räumliche Struktur

Ob Tarxien, Mnajdra, Skorba, Ġgantija, Xagħra oder all die anderen, Malta besitzt heilige Orte in einer Dichte, die einmalig in Europa ist. Auch in der Neuzeit hat niemand das Interesse an Sakralbauten verloren. Wenn man zu Fuß auf Malta unterwegs ist, durch Kürbisfelder oder Thymianbüschel streift, läuft man selten mehr als eine Stunde bis zur nächsten Kirche. Von den liebevoll gepflegten und mit einigem Wettkampfgeist erbauten Dorf- und Pfarreikirchen haben wir gesprochen. Doch auch unterwegs kann man immer wieder auf kleine Kapellen treffen, die das filigrane Wegenetz der kleineren und größeren Straßen markieren. Unübersehbar sind die Kirchtürme, meist als Doppeltürme, welche in für Fremde oft unübersichtlichen Ortschaften zuverlässigster Orientierungspunkt und oft schon von Weitem zu erkennen sind.

Zu Fuß unterwegs läuft man über steinige Pfade aus fast weißlichem Kalkstein, entlang an mit Feigenkakteen überwucherten Bruchsteinmäuerchen. Die Luft riecht nach Meer und Kräutern. Disteln und Kräuter teilen sich die wenigen Fleckchen Erde zwischen den Felsen, auf den Dächern trocknen Kürbisse. Manchmal hört man Ziegen, den Hufschlag eines Pferdes oder das Knattern einer Ape. Seit der Ritterzeit trifft man überall auf Säulen mit steinernen Kreuzen am Weg. Scheinbar ohne Bezugspunkt stehen sie in der Landschaft. Doch der Schein trügt. Die Kreuze sind Grenzsteine, welche die einzelnen Pfarreien voneinander abgrenzen. Die Kirche strukturiert den Raum fast ebenso wie die Bruchsteinmauern, die die Felder einfrieden.

Manche dieser Kreuze haben darüber hinaus auch noch weitere Funktionen. In den Howard Gardens zwischen den Verteidigungsmauern von Mdina erhebt sich ein weiteres altes Steinkreuz im Schatten von mehreren Bäumen. Im Sommer schrillen die Zikaden, und manchmal riecht es nach Harz, der Boden ist nach stürmischen Tagen voll weicher Nadelzweige. Das Kreuz markiert einerseits die Stelle, wo einst eine dem heiligen Markus geweihte Kirche stand. Andererseits diente es auch als Gerichtsort. Noch heute wird es zu Palmsonntag mit Oliven- und Palmzweigen geschmückt, und von der Kathedrale von Mdina aus bewegt sich eine Prozession dorthin.

Manche Kapellen am Weg datieren zurück ins 12. oder 13. Jahrhundert, als die Kirche von Süditalien aus ihren Einfluss auch auf Malta wieder ausdehnte. Die Araber hatten Malta und Sizilien im 11. Jahrhundert an die Normannen verloren, und mit den neuen Herren kam die alte Religion zurück. Viele dieser ersten Kapellen wirken urtümlich – wie aus dem Fels geschnitten, halb in Klippen gebaut. In einer Höhle unterhalb der gleichnamigen Kirche in Mellieħa (jetzt die Krypta) befindet sich etwa das Heiligtum der Geburt Unserer Lieben Frau. Das

Fresko soll, so will es die Legende, von keinem Geringeren als dem heiligen Lukas gemalt worden sein. Professionelle Datierungen haben aber ergeben, dass es vermutlich aus dem 12. oder 13. Jahrhundert stammt.

Die meisten Kapellen sind zwar nicht ganz so alt, aber dennoch sehr stimmungsvoll: Im Wied il-Għasel (Honigtal) bei Mosta gibt es gleich drei davon. Die sehenswerteste ist vermutlich S. Pawl l-Eremita (St. Paul the Hermit), ein winziges Kapellchen, das waghalsig in eine Höhle am Hang gebaut ist und sich wie schutzsuchend unter den Felsbogen schmiegt. Die Abbildung des Heiligen ist nicht das Original – es wurde 1988 gestohlen und nach dem Wiederauffinden nach Mosta gebracht. Dennoch ist der fast fensterlose Raum unterhalb des Gipfels faszinierend.

Manche Kapellen sind schlicht, ein paar schmucklose Mauern und Steinbänke über rechteckigem Umriss, oft ohne Glocken. Ausgemalte Kapellen stammen meist aus der Johanniterzeit, als die Ordensritter als finanzkräftige Mäzene die sichtbaren Herrschaftszeichen ihres Glaubens aufstellten. Andere wiederum wurden aufgrund eines Gelübdes mit dem letzten Geld der Spender errichtet: als Dank für die Heilung von schwerer Krankheit oder für die wundersame Rettung aus Seenot wie bei Mellieħa. Seeleute ritzten ihre Bitten in die Wände, um sich so des göttlichen Schutzes auf ihren gefährlichen Reisen zu versichern. Aber auch die Bauern fürchteten Seuchen, Piraten und Unwetter. Daher haben sie ebenfalls ihren Teil zu den zahllosen Kapellen und Gedenkorten beigetragen, von denen viele den Heiligen Rochus und Leonhard gewidmet sind: den Beschützern vor Pest beziehungsweise Sklaverei. Oft liegen sie an schwer zugänglichen Orten, und vielleicht verdanken sie es diesem Umstand, dass sie heute noch zu bewundern sind. Aber letztlich hat jede noch so kleine Gemeinschaft eben auch die mühsam ersparte Kapelle liebevoll gepflegt.

Eine andere Art Bauwerke, die man hin und wieder am Wegrand sieht, dient nicht der spirituellen Nahrung, sondern ganz schlicht der physischen: die *girna* (Plural: *giren*). Hier handelt es sich um meist runde Bruchsteinhütten ohne Mörtel und fast immer ohne Fenster. Entsprechend spartanisch ist das Innere: vielleicht ein paar Steine zum Sitzen, eine Nische, um etwas abzustellen – mehr nicht. Trotzdem kam es früher – bisweilen – vor, dass sie bewohnt waren. Der 1960 verstorbene Salvu Deguara »il-Banker« soll sich geweigert haben, seine Girna zu verlassen, obwohl er selbst zum Kochen nach draußen gehen musste. Der letzte Girna-Bewohner starb 1989 bei Dingli.

Im Normalfall handelt es sich aber nicht um Wohnbauten, sondern um einfache Unterstände für Mensch und Tier. Vor allem Jäger warteten hier, geschützt vor der Sonne und den Blicken ihrer Beute. Hirten fanden hier Zuflucht vor der Sonne, dem Wind, aber auch vor Regen und Unwettern, die in der kalten Jahreszeit über Malta hinwegfegen.

Eine Girna läuft nach oben hin schmaler zu und hat gewöhnlich ein flaches, mit Steinen und Sand bedecktes Dach, auf dem man Tomaten oder Feigen trocknen kann. Dies verweist auf den Zweck als Schuppen auf dem Feld oder als Stall. Die Türöffnung, gewöhnlich die einzige überhaupt, zeigt meist nach Osten. Den Umständen entsprechend kann ein Mann ohne viel Werkzeug so eine Hütte rasch aus dem Material erbauen, das in der Umgebung herumliegt. Der Globigerinenkalk ist leicht zu bearbeiten – in ihn kann man bereits mit einem Stück

Hartholz Muster ritzen und ihn entsprechend problemlos in passgenaue Stücke brechen oder schneiden. Auch in Italien und Spanien sieht man diese Hütten, die an manchen Stellen Maltas und Gozos die Landschaft prägen. Besucht man die Tempel von Ħaġar Qim und läuft die rund fünfhundert Meter lange Rampe zur Mnajdra herunter, sieht man links im Feld mehrere Giren liegen, mit einem atemberaubenden Blick aufs Meer.

Im Spätsommer und Herbst, wenn die Zugvögel nach Afrika fliegen, sah man hier bis vor wenigen Jahren auch Netze aufgespannt. Die Giren dienten nämlich der Finkenjagd. Zwar wurde die Vogeljagd, zumindest im Frühjahr während der Brutzeit, eigentlich mit dem EU-Beitritt Maltas verboten, doch setzte sich der Staat per Volksentscheid darüber hinweg. Dazu kommen die illegalen Jäger, die den traditionellen Volkssport weiter betreiben. Die maltesischen Inseln, die auf dem anstrengenden Flug übers Mittelmeer eine willkommene Rast versprechen, werden so für viele und oft seltene Vögel noch immer zur Endstation.

Zur Verteidigung der Malteser muss gesagt werden, dass die Inseln früher nicht viel zum Leben boten und die Vögel den Speisezettel um willkommene Fleischmahlzeiten bereicherten, ähnlich wie auch in anderen Regionen Südeuropas. Vielleicht setzt sich endlich die Erkenntnis durch, dass diese Zeiten zum Glück vorbei sind. Das dürfte den Turteltauben, Pirolen, Wespenbussarden und vielen anderen bedrohten Vogelarten Zeit verschaffen, ihre Bestände zu regenerieren.

Ebenfalls mit Grundnahrungsmitteln zu tun hat ein weiteres charakteristisches Bauwerk der maltesischen Inseln: die Windmühle. Einst soll es davon fast so viele gegeben haben wie Kirchen – in Sichtweite voneinander stehend, sodass jeder Müller sehen konnte, ob der Nachbar arbeitete, selten mehr als eine oder zwei Stunden zu Fuß voneinander entfernt. Windmühlen sind für die bekanntermaßen windigen maltesischen Inseln perfekt geeignet. Hier wurde vor allem das wichtigste Nahrungsmittel produziert: Mehl für das Brot. Nahezu alle Windmühlen wurden von den Johannitern gebaut: 1530 soll es nur eine gegeben haben, 1565 bereits zwei, danach immer mehr. Nicht nur fürs Brot, von dem allein der Mensch ja bekanntlich nicht lebt: In Zeiten der Johanniter setzte man Windmühlen auch für die Produktion von Schießpulver ein.

Heute gibt es eigentlich nur noch drei Windmühlen auf den Inseln, und nur noch zwei sind in Betrieb. Betrachtet man sie, zum Beispiel die Ta'Kola-Mühle in Xagħra auf Gozo, fällt der festungsartige Bau auf. Turmartig ragt der gemauerte Träger empor, an dem die sechs Arme mit je zwei Flügeln befestigt sind. Darunter befinden sich schlichte, rechteckige gemauerte Vorratsspeicher und nicht selten auch das Wohnhaus des Müllers. Der Orden besaß die meisten Mühlen, was an den Kreuzen auf den Mauern auch deutlich erkennbar ist. Kleinere Mühlen, in denen der Mühlstein von Tieren (einem Esel oder Pferd) bewegt wurde, hießen *ċentimoli* (vom Italienischen abgeleitet). Dass die großen Windmühlen den semitischen Namen *mitħna* (Mühle) tragen, ist ein Indiz dafür, dass es sie hier möglicherweise doch schon vor der Herrschaft des Ordens gab.

Touristen, die ohnehin die Ġgantija auf Gozo besuchen, können den Abstecher zur Ta'Kola-Windmühle machen, an die ein Museum angegliedert ist. Hier kann man sehen, wie die Müllersleute lebten und arbeiteten. Benannt ist sie nach ihrem letzten Besitzer Ġużeppi

Grech »ta'Kola« (Josef Grech, Sohn von Nikolaus: Das ist der Spitzname). Eine gute Nachricht für Fans: 2017 hieß es, das leer stehende Windmühlengebäude im gozitanischen Xewkija solle ebenfalls restauriert werden.

Besucht man die Windmühlen, kann man schon verstehen, warum Don Quijote sie in der ebenso kargen, aber noch deutlich weitläufigeren spanischen Region La Mancha für Riesen hielt. Und wer weiß – ob sein Dichter Cervantes nicht während seiner Gefangenschaft in Algier doch einem gozitanischen Sklaven begegnet ist, der ihm die Legende von der Riesin erzählte, welche die Ġgantija in einer Nacht erbaut haben soll, nur einen Steinwurf von jener Ta'Kola-Windmühle entfernt?

Sie wissen schon: *Se non è vero, è ben trovato.*

Windmühlen helfen Ihnen heute nicht mehr bei der Orientierung, aber mit etwas Übung klappt das vielleicht mit einer anderen architektonischen Besonderheit: den zahllosen Erkern und Balkonen überall auf Malta und Gozo, die entweder aus Stein oder aus in bunten Farben gestrichenem Holz sind – blau, rot oder grün – und alle, die schon im Nahen Osten waren, an Beirut oder Jerusalem erinnern.

In der Tat kursieren Gerüchte über einen Ursprung im Vorderen Orient. War hier der Einfluss der arabischen Besatzer oder der Kreuzfahrer wirksam? Betrachtet man Bilder der Straßenzüge von Valletta, könnte ein Ortsunkundiger vermutlich nicht sagen, ob sie sich in Beirut, Jerusalem oder eben auf Malta befinden. Auch erinnern die Bastionen von Valletta mit ihren gigantischen Ausmaßen und scharfen Winkeln an manchen Stellen an Kreuzfahrerburgen.

Nachgewiesen sind die Balkone allerdings erst gegen Ende des 17. Jahrhunderts. Vermutlich wurden steinerne

Balkone von den Ordensrittern aus ihren jeweiligen Herkunftsländern – damals vor allem Frankreich, Spanien/Portugal und Italien – eingeführt. Tatsächlich arbeiteten auf Malta immer wieder Architekten aus ganz Europa im Dienst der Ordensherren. Das Zeitalter des Barock mit seiner typischen Repräsentationskultur setzte auf diese Zeichen von Macht und Reichtum. Und so gab es Balkone zuerst in Valletta. Insbesondere hier ziehen sich viele um Straßenecken – möglicherweise erfüllte man so die Vorgabe, dass sich an jeder Straßenecke eine Verzierung befinden müsse. Denn die Balkone sind häufig kunstvoll geschmückt. Da finden sich Malteserkreuze, aber auch florale Motive, Tiere und Fabelwesen. Nicht selten sollen Fratzen oder anzügliche Monster den »bösen Blick« neidischer Nachbarn abwehren und das Haus beschützen. Da ein aufwendiger und schön gestalteter Balkon auch Aufschluss über den Reichtum einer Familie gab, verwundert es nicht, dass die wettkampffreudigen Malteser sich auch hier gegenseitig zu übertrumpfen versuchten. Übrigens nicht nur in Sachen Reichtum: Bei den zahlreichen Kirchenfesten verweist ein reich geschmückter und beleuchteter Balkon ganz nebenbei noch auf religiösen Eifer.

Besonders auffällig sind aber die typischen geschlossenen Holzbalkone: drei bis vier Fenster und je eines an der Schmalseite, die mit Glas verschlossen werden können und so einen kleinen Erker bilden. Der erste dieser Art soll der große Erker am Großmeisterpalast gewesen sein, der 1679 gebaut wurde. Danach soll sich der Typ in Valletta und von dort ausgehend über die Inseln verbreitet haben. Vermutlich kam die typische, an die osmanische Architektur erinnernde Form aber auf breiter Basis im 18. Jahrhundert durch nordafrikanische Arbeitssklaven auf.

Ähnlich wie im Orient boten die Erker Frauen die Möglichkeit, am Leben zumindest von oben teilzuhaben und sich mit der Nachbarin auszutauschen. Die *gallariji* wurden dann vor allem unter der britischen Herrschaft beliebt, da Erker ja auch die Architektur des Mutterlandes prägen. Übrigens kann hinter den Farben von Balkonen und Fensterläden auch ein politisches Statement stecken: Die Auberge de Castille, heute Amtssitz des Premierministers, hatte unter britischer Herrschaft blaue Fensterläden – vermutlich ein Verweis auf die Blue Ensign: zunächst die Dienstflagge zur See, ein blaues Tuch mit dem Union Jack in der oberen linken Ecke, ab 1865 die Basis für Kolonialflaggen. Als Malta unabhängig wurde und die Labour Party regierte, wurden die Läden eilends rot gestrichen, und als die Nationalisten kamen, grün. Diese Farbe tragen sie nun allerdings schon seit längerer Zeit – obwohl die Labour Party inzwischen wieder regiert. Insofern sollten Sie nicht hinter jedem blauen Balkon einen kolonial gestimmten Engländer und hinter jedem roten einen Sozialisten vermuten – es kann auch einfach die Lieblingsfarbe des Besitzers sein.

Erfreulicherweise fördert die maltesische Regierung den Bau und Erhalt der traditionellen Balkone, nachdem in den mageren Jahren zwischen 1960 und 1990 die Gefahr bestand, dass sie durch billige, seelenlose Konstrukte ersetzt würden. Heute sind sie aus dem Stadtbild der Innenstädte nicht mehr wegzudenken. Und es bleibt zu hoffen, dass sie noch lange Orientierungspunkte innerhalb der manchmal verwirrend ähnlichen Straßen sind.

Wenn Sie sich wieder einmal verlaufen haben und Ihren Weg suchen, blicken Sie doch einmal nach oben, um Hilfe zu finden. Nein, nicht ganz so weit – nur zu den zahllosen Nischen, die vor allem in Valletta fast an jeder Straßenecke anzutreffen sind (aus demselben Grund wie die Balkone: wegen der Vorschrift, dass jede Straßenecke verziert sein musste). Das betrifft nicht nur die Kirchen, in deren Barockfassaden ebenfalls häufig Nischen mit Heiligenfiguren zu sehen sind, sondern auch ganz normale Häuser. Wenn man darunter entlangläuft, achtet man kaum darauf. Dabei stellen sie ganz ausgezeichnete Orientierungspunkte dar. Jedenfalls ist es leichter, sich am heiligen Paulus zu orientieren als an einem Laden, der vielleicht später geschlossen hat und hinter den heruntergelassenen Rollläden nicht mehr als solcher zu erkennen ist.

Sakraler Schmuck machte sich in der Stadt der Ordensritter natürlich besonders gut. In den meisten Nischen stehen tatsächlich Heilige, und man konnte so im katholischen Malta Frömmigkeit und dekorative Elemente verbinden. Passanten konnten in den steilen Straßen kurz bei einem kleinen Gebet eine Verschnaufpause einlegen. Und des Nachts spendeten die kleinen Öllampen, die in den Nischen aufgestellt waren, Licht und stellten eine Art vormoderne Straßenbeleuchtung dar.

Heiligennischen wurden bereits in vorchristlicher Zeit von den Römern für Götterbilder verwendet und schon damals mit Blumen und Kerzen geschmückt. In katholischen Ländern haben sie eine lange Tradition. Der Hausbesitzer konnte damit seine Frömmigkeit unter Beweis stellen und seine Verehrung für einen bestimmten Heiligen zeigen. Fischer fühlten sich meist dem heiligen Petrus verbunden, während eine Statue der heiligen Agatha womöglich darauf hindeutet, dass hier einmal ein Glockengießer oder Weber gewohnt hat oder eine Frau von einer Brustkrankheit geheilt wurde. Manche Heilige sind ganz einfach passend zum Straßennamen ausgewählt. Auch durch die Kunstfertigkeit einer Figur konnte man sich gegenüber den Nachbarn hervortun, was natürlich wieder der auf Malta so verbreiteten Wettbewerbskultur entspricht.

Wer es sich nicht leisten konnte, eine Kapelle zur Einlösung eines Gelübdes zu bauen, konnte immerhin eine Nische erstellen. Nicht zuletzt war diese ein nach außen gerichteter Hausaltar. Und so wachen nicht nur in den Nischen der Barockfassaden zahlloser Kirchen Heilige über die Malteser, sondern auch nahezu an jeder Straßenecke. Geiz war hier nie geil.

Sakraler und profaner Raum gehen auf Malta ineinander über, sie durchdringen sich und sind schwer zu trennen. Man teilt sich den wenigen Platz auf den Inseln mit den Heiligen, aber gleichzeitig sind die Kirchen nicht nur Häuser Gottes, sondern auch ein Stück weit das jedes Gemeindemitglieds. Wofür man gespendet hat, das gehört einem eben auch ein wenig, und man ist stolz darauf. Das Heilige weist nicht nur spirituell, sondern auch ganz praktisch den Weg: als Nischenfiguren, als Wegkreuz oder Kapelle. Sie alle sind nicht nur Orte des Glaubens, sondern auch Treffpunkt, Landmarke, Grenzstein oder Mittelpunkt einer sozialen Gruppe. Ganz allein ist man irgendwie nie: Wenn kein Mensch in der Nähe ist, dann doch sicher ein Heiliger. Als stünde man, egal, wohin man geht, immer auf der Schwelle zwischen *sacrum* und *profanum*.

Zwischen zart und hart

Spitze, Silberfiligran und echte Kerle

Ein filigranes Spitzennetz aus heiligen Orten überzieht die Inseln, vergleichbar den feinen Geflechten von Silberdraht oder den kunstvoll geklöppelten Spitzen in den traditionellen Werkstätten.

In fast jedem Reiseführer wird auf diese Handwerkszweige hingewiesen, inzwischen sind Spitze, Silberfiligran und Mdina-Glas beliebte Souvenirs. Trotzdem möchte ich auch in diesem Buch darauf zu sprechen kommen. Einerseits, weil sie wirklich auch für die Malteser als Teil ihrer Identität wichtig sind. Das bereits zitierte Magazin der Air Malta heißt *Il-Bizzilla*, also »Spitzenklöppeln«. Zum anderen, weil selten erwähnt wird, wie hart diese Arbeit früher oft war. Deshalb möchte ich die romantischen Spitzendeckchen, die hübschen Gläser und anmutigen Silberanhänger in den Kontext der Arbeiten stellen, die bis vor wenigen Jahrzehnten noch das harte Leben der Malteser geprägt haben: Fischerei, Docks, Landwirtschaft, Steinbruch. Heute haben Elektroindustrie, Filmbranche, Spielzeugfabriken, Textilindustrie, Bankensektor und natürlich der Tourismus und alle damit verbundenen Berufszweige die alten Jobs überflügelt. Auch Bloggen erfreut sich zunehmender Beliebtheit. Doch das war ein langer Weg, und mehr als einmal in der Geschichte stand die maltesische Wirtschaft am Abgrund – zuletzt während der Wirtschaftskrise in den Siebzigerjahren.

Vier Fünftel der Fläche Maltas werden bis heute landwirtschaftlich genutzt – übrigens wird dabei nur das wenigste künstlich bewässert. Die meisten Produkte werden saisonal angebaut. Landwirtschaft und Fischerei prägen bis heute das Gesicht vor allem Gozos – Berufe, bei denen man an wetterfeste Gesichter und Fäuste denkt. Dass sich hier gleichzeitig eine Handarbeit etablieren würde, die ausgesprochen feines Fingerspitzengefühl benötigt, geht vor allem auf Lady Hamilton Chichester zurück.

Belegt ist das Spitzenklöppeln mindestens seit dem 16. Jahrhundert. Offenbar wurden schon damals, vor allem für den klerikalen Markt, Spitzen geklöppelt, besserten die Frauen auf Malta und Gozo das Familieneinkommen mit Handarbeiten auf.

In der zweiten Hälfte des 18. Jahrhunderts ging das Interesse dann wohl zurück – vermutlich auch bedingt durch die Vertreibung des Ordens, der sicher ein guter Kunde gewesen war.

Im 19. Jahrhundert führte Lady Hamilton die Kunst aus Genua wieder ein, unterstützt durch Dun Ġużepp Diacono, der auch für die typischen Muster verantwortlich zeichnete. Das vorrangige Interesse war es, den armen Einwohnern Gozos ein zusätzliches Einkommen zu ermöglichen. Queen Victoria soll besonders viel Freude an maltesischer Spitze gehabt haben. Typisch sind der Farbton der Seide, ein fast goldfarbenes Cremeweiß, und die Muster, unter denen Malteserkreuz und Motive aus der Landwirtschaft – Ähren – besonders auffällig sind. Ein typisches Fotomotiv bis weit ins 20. Jahrhundert hinein sind ältere Gozitanerinnen, die mit ihrem *trajbu* im Hauseingang sitzen, oft in ein Schwätzchen mit der gleichfalls klöppelnden Nachbarin vertieft.

Nach dem Abzug der Briten wäre die Spitze fast schon wieder aus der Mode gekommen. Doch mit dem Tourismus kam auch das Interesse an der traditionellen Handwerkskunst wieder auf. Seit 1996 kann man sich damit sogar in universitärem Rahmen beschäftigen: Die Gozitaner Zweigstelle der University of Malta eröffnete damals ein entsprechendes Programm. 2000 wurde die Maltese Lace Guild gegründet, und die Malta Society of Arts nahm das Klöppeln ebenfalls auf. Beim britischen Königshaus scheint die maltesische Spitze noch immer beliebt zu sein – und sieht man sich die Preise an, die international dafür gezahlt werden, nicht nur dort. Zur Geburt von Prinzessin Charlotte erhielten auch Prinz William und Prinzessin Kate eine Spitzendecke aus Malta.

Die mühevolle Arbeit hat eben ihren Preis. Allein eine Blume mit sechs Blütenblättern zu klöppeln dauert etwa ebenso viele Stunden. Spitzenklöppeln ist eine eintönige, langwierige Arbeit, die Fleiß und Zeit erfordert. Heute hört man wieder das typische Klappern der hölzernen Fadenrollen. Blitzschnell schieben die alten Frauen die Garnrollen hin und her, befestigen Knoten mit den typischen langen Nadeln und schaffen es noch, sich nebenher zu unterhalten.

Filigran wie die Seidenfädchen in der Spitze sind auch die Silberfäden, aus denen Schmuck hergestellt wird. In jedem Souvenirladen findet man günstige kleine Kunstwerke für den Geschenkmarkt. Echte alte Stücke sind hingegen gar nicht billig und werden, anders als andere Schmuckstücke, nicht nach dem Materialwert, sondern auch nach der Ausführung geschätzt. Manch einer behauptet, dass die maltesische Silberfiligranarbeit bis zu den Phöniziern zurückreicht.

Mdina hat sich in den letzten Jahrzehnten einen guten Ruf in der Glasbläserei erworben. Anders als Silber und Klöppeln hat diese Kunst hier aber keine vergleichbare Tradition.

Geht man heute in eines der Craft's Centres und sieht den Handwerkern bei der Arbeit zu, wirkt das romantisch. Heute ist es ein Handwerk, das angesehen ist und Gewinne bringt. Das war früher anders. Damals waren die Luxusgegenstände für den Klerus, den Orden und später die britischen Herren oft der letzte Ausweg aus bitterster Not. Und die Frauen, die so kostbare und begehrte Kragen und Deckchen in mühevollster Kleinarbeit herstellten, wurden nicht annähernd dem Wert ihrer Arbeit entsprechend entlohnt.

Auch traditionelle Männerarbeit war hart und schlecht bezahlt. Aschenbecher oder kleine Artefakte aus Kalkstein gehören heute ebenfalls zu den beliebten Souvenirs auf Malta. Auch hier steht hinter dem hübschen Andenken eine Arbeit, die früher hart und ungesund war. Zwar ist der maltesische Globigerinenkalk leicht zu bearbeiten und kann heute mit Maschinen problemlos aus dem Boden geschnitten werden. Erst an der Luft härtet er richtig aus. Doch ohne Maschinen war auch diese Arbeit anstrengend und der Staub, der sich auf die Lungen legte, ungesund.

Trotzdem wollen wir uns diesen Stein ein wenig ansehen. Schließlich ist genau dieser Globigerinenkalk für die typische honiggelbe Farbe der maltesischen Inseln verantwortlich. Sie brauchen keine Atemschutzmaske, nur festes Schuhwerk.

Geologisch gesehen, gehört Malta zu Afrika und ist Teil einer Landbrücke, die den Kontinent früher mit Europa verband. Nicht nur sprachlich und kulturell, auch geohistorisch ist Malta also ein Bindeglied zwischen den Erdteilen. Die Felsen der Inseln bestehen aus mehreren Schichten: Die unterste oberhalb des heutigen Meeresspiegels ist Korallenkalk. Hier findet man unzählige Fossilien. Dieser Stein ist sehr hart und formt die steil abfallenden Klippen, die tektonisch zur afrikanischen Platte gehören. Gut sichtbar sind sie zum Beispiel bei Xlendi auf Gozo. Darauf hat sich aus den Resten von Krustentieren und Plankton der weiche Globigerinenkalk gebildet, der von gelb bis grau gefärbt ist und beispielsweise bei Marsaxlokk gut zu sehen ist. Bisweilen ragen noch höher liegende Korallenkalkschichten heraus. Obenauf liegen blauer Tonstein, grüner Sandstein und schließlich eine weitere Schicht Korallenkalk.

Geologisch gesehen, sind die maltesischen Inseln verhältnismäßig jung. Die Sedimentplattform datiert aus dem Trias. Doch alle oberen Schichten sind jünger und stammen aus dem Tertiär, vor allem aus Oligozän und Miozän, sind also »nur« etwa 30 bis 35 Millionen Jahre alt.

Vor allem der Globigerinenkalk wird seit der Tempelkultur als Baumaterial für nahezu alles genutzt. Vermutlich gehen auf seine einzigartige Beschaffenheit auch die sogenannten *cart ruts* zurück, deren Zweck noch immer heiß diskutiert wird: uralte, möglicherweise steinzeitliche Schleifspuren vor allem an der Südwestküste Maltas. Interessant ist, dass die meisten Spuren am Meer enden und sich einige in der Nähe der Tempelanlagen befinden. Diverse wilde Theorien kursieren dazu: Sind es Überbleibsel von Atlantis, einer Kommunikation mit den Aliens oder womöglich Startrampen für das Fluggerät irgendwelcher Vorfahren von Harry Potter? Vermutlich liefert ganz einfach die Beschaffenheit des Bodens die Antwort: Beim Schleifen von Lasten, vielleicht Baumaterial für die Tempel, oder Fischerbooten, die an Land gezogen wurden, gruben sich Schlitten beziehungsweise Kiel pflugartig in den Lehm und in den darunterliegenden Globigerinenkalk, der, von Sauerstoff geschützt, noch weich war. Als die Lehmschicht später durch die Erosion abgetragen wurde, wurden die Schleifspuren der Luft ausgesetzt und härteten aus.

Anstrengend und wenig glamourös sind auch die anderen Jobs, mit denen sich die Malteser früher über Wasser hielten, so etwa die Arbeit in den Docks. Noch heute sind die Docks von Valletta einer der wichtigsten Arbeitgeber der Insel. Die kleine Stadt besitzt die zweitgrößte Werft Europas. Heute ist die Arbeit an moderne Gegebenheiten angepasst, allerdings hat sie – wie die ganze Insel – dramatische Zeiten hinter sich.

Präsident Dom (Dominic) Mintoff hatte 1974 das Truppenstützpunktabkommen mit Großbritannien gekündigt und sich in der Folge Gaddafis Libyen angenähert. Als Antiklerikaler, Sozialist und Vertreter der kleinen Leute hatte Mintoff dabei zweierlei im Blick: Einerseits arbeitete er damals an der Blockfreiheit des Inselstaats (wohl auch als Folge eines gescheiterten NATO-Mitgliedsantrags), wobei er keine Konfrontation mit den USA und Großbritannien scheute. Wer konnte schon garantieren, dass der unberechenbar wirkende Sozialist sich nicht doch am Ende lieber an Tripolis und Moskau denn an London und Washington halten würde? Gleichzeitig hatte Großbritannien Millionen für Mieten, Nutzungsrechte (etwa des Flughafens) und Angestellte jährlich bezahlt. Nach dem Abzug der Briten fielen nicht nur diese Einnahmen, sondern auch die damit verbundenen Arbeitsplätze weg und stürzten Malta in eine finanzielle Krise. Es lag nahe, sich seine Neutralität von der damaligen EG bezahlen zu lassen. Auch wenn die Malteser sich natürlich – anders als Gaddafi es vermutlich erhoffte – nicht als Orientalen, sondern als Europäer sahen, wurde Mintoffs Spiel als Ausdruck des neuen maltesischen Selbstbewusstseins von vielen mitgetragen.

Die Krise der Siebzigerjahre ist indes längst überwunden, und die Inseln haben viele neue Branchen entdeckt: Die Malteser von heute arbeiten auch im Bankenwesen, in der Spielzeug- und Textilindustrie – sowohl Playmobil als auch Lloyd-Schuhe werden hier gefertigt – sowie in der Elektrobranche. Wettergegerbter Fischer mit einem Hauch von *Der alte Mann und das Meer* ist heute weder die einzige noch die attraktivste Berufsperspektive für junge Malteser.

Apropos harte Kerle. Wir haben viel über die Frauen in Malta gesprochen, aber noch nicht über die Männer. Das holen wir jetzt nach.

Das Magazin *Il-Bizzilla* widmete dankenswerterweise 2016 eine Ausgabe dem maltesischen Mann. Ich persönlich halte eigentlich nichts von Typologien, und ganz ehrlich – die meisten Typen sind mir auch schon anderswo begegnet. Doch zur Erheiterung fasse ich die fünf Grundmuster aus *Il-Bizzilla* kurz zusammen:

Der ganze Kerl: liebt Steaks und Bourbon, kann sich innerhalb von zwölf Stunden einen Bart wachsen lassen. Redet leider nicht viel.

Der Laute: liebt Bier, Fußball, sein Auto und seine Mum. Dank seines frisierten Motors ist er weithin zu hören.

Der Sensible: Theaterfreak, guter Zuhörer (bis er selbst anfängt zu reden). Kennt fast alles aus Erfahrung oder einem Buch. Nah am Wasser gebaut.

Der Gentleman: heißt gewöhnlich Beppe, lebt in Sliema und ist Anwalt. Wenn er nicht gerade Jachtrennen fährt, genießt er das schöne Leben. Alles in seinem Leben ist durchgestylt, vom Auto bis zur Ehefrau.

Mr Midlife-Crisis: heiratete seine erste Freundin, ist sich inzwischen aber nicht mehr sicher, ob er überhaupt Frauen mag. Hat drei Kinder, erinnert sich aber nur, zwei gemacht zu haben.

Der Beitrag endet mit dem Ratschlag an die Ladys, vorsichtige Distanz zu allen zu halten. Sollte man doch bei einem landen: »Keine Panik, aber seien Sie sich bewusst, dass Ihr Leben nie wieder sein wird wie zuvor.«

Ich habe nicht eigens recherchiert, was an dieser Analyse dran ist und was passiert, wenn man sich auf die einzelnen Typen einlässt. Bei jeder Recherche gibt es nun mal Kapazitätsgrenzen. Daher kann ich nur von ganz normalen, freundschaftlichen Begegnungen und auch dem einen oder anderen Flirt berichten. Typ eins, zwei und vier sind mir definitiv schon oft begegnet. Typ drei seltener, aber umso eindrucksvoller. Typ fünf habe ich noch nicht näher kennengelernt. Aber wenn er sich nicht sicher ist, ob er Frauen mag, liegt es vermutlich daran. Vielleicht sollte man noch Typ sechs hinzufügen: das Urgestein. Hat Frau, Kinder und seinen Job im Griff und ist felsenfest überzeugt, der Herr im Haus zu sein. Womit er nicht immer richtigliegt.

Und vielleicht noch eines, auch wenn ich hier keinen Anspruch auf Vollständigkeit erheben will: Alle Typen haben viel Sinn für Humor, der auch gern bisweilen etwas britisch sein darf. Gut, Typ eins und vier vielleicht vor allem dann, wenn keiner hinsieht. Man hat ja einen Ruf zu verteidigen. Als ernsthaft lästig habe ich übrigens noch keinen dieser Typen erlebt, obwohl es natürlich auch auf Malta – wie überall, wo patriarchalische Machtgefüge noch Einfluss haben – Männer gibt, die sich offenbar besser fühlen, wenn sie Frauen Dinge hinterherrufen, die eigentlich nur auf den Rufenden ein schlechtes Licht werfen. Anmachsprüche reichen von fast freundlich (»*aw sabiħa* – hallo, Hübsche«) bis hin zu peinlich (für den Rufenden) wie »*aw laħam* – hey, Fleisch«. Allerdings scheint mir das Problem nicht sehr verbreitet zu sein. Die soziale Kontrolle ist hier recht intakt, und wer Frauen nachpfeift, muss damit rechnen, dass Mama Wind davon bekommt. Anders sieht es, wie gesagt, leider im häuslichen Bereich aus. Beim Thema häusliche Gewalt steht Malta im europäischen Vergleich schlecht da, was zunehmend von den Maltesern diskutiert und moniert wird.

Ich selbst habe in dieser Hinsicht nie schlechte Erfahrungen gemacht. Lebhaft vorstellen kann ich mir aber das Bild, das *Il-Bizzilla* von Typ 2 zeichnet: wie er sich am liebsten mit einer Flasche Cisk ans Steuer seines getunten Autos setzt, das Handy griffbereit, falls Mama anruft, das Fußballradio einschaltet und losdüst zum nächsten Strand.

Ein Kapitel für sich

Der Verkehr

Wenn er denn hinfindet. Der *Maltese Calypso* widmet die mit Abstand meisten Strophen dem maltesischen Verkehrswesen.

Now, the Maltese people are very nice,
If you hire a car, you better think twice.
I hired one the first day I got here,
With no brakes, no clutch and I can't change gear.
I went around to get my money back,
But the man says: Don't worry, they're all like that.

Die Malteser, sie sind reizend und fein,
Aber ein Auto zu mieten lässt man besser sein.
Ich hatte eins – ich lebte hier noch nicht lang –,
Ohne Bremsen und Kupplung, und es lief nur ein Gang.
Ich reklamierte – jetzt versagt auch das Licht –,
Doch der Mann meint: Was Besseres finden Sie nicht!

Heute ist das nur noch zum Teil nachzuvollziehen. Die maltesischen Autos sind längst auf europäischem Standard. So gut wie gar nicht mehr findet man jene abenteuerlichen Gefährte mit Klappstühlen als Inventar oder, wie es im *Calypso* heißt, ohne Bremsen und Gangschaltung – Gefährte, die so mancher Geistergeschichte einen äußerst weltlichen Hintergrund verleihen.

In der Tat drehen sich zahlreiche maltesische Geistergeschichten um Autos, die aus mysteriösen Gründen nicht anspringen, wo plötzlich die Türen klemmen oder sich während der Fahrt ständig öffnen, als wollten sie auf diese Weise ihre Insassen loswerden. Mit dem *Maltese Calypso* im Ohr denkt man da bisweilen, dass die im wahrsten Sinne des Wortes naheliegendste Abhilfe für den Spuk vermutlich im Werkzeugkasten des Besitzers zu finden sein müsste.

Als ich zum ersten Mal auf Malta war, gab es durchaus noch verwegene Kutschen, deren Seitenspiegel mit Bindfaden justiert oder deren Sitze durch Gartenstühle ersetzt worden waren. Malta war damals ein armes Land, obwohl es sich nach dem Ende der Kolonialzeit mit Berserkerkraft nach oben arbeitete. Heute indes haben sie auf den Schrottplätzen Frieden gefunden. Hie und da sichert noch etwas Klebeband einen Seitenspiegel oder einen Blechschaden, aber ebenso häufig sieht man glänzende, bestens gepflegte Luxuskarossen.

Und sollte Ihr Mietwagen doch verflucht sein – keine Angst. Vermutlich ist irgendwo in seinen Eingeweiden von einem vierzehnjährigen experimentierfreudigen Improvisator heimlich ein Stück vom Schrottplatz verbaut worden, dessen Seele nun keine Ruhe findet. Den Spuk werden Sie los, indem Sie Ihren Wagen einfach zur nächstbesten Werkstatt bringen.

Wie die Gefährte, so die Straßen. Wer heute den *Maltese Calypso* hört, der von Schlaglöchern und anderen Unbilden im Straßenverkehr spricht, kann sich das kaum noch vorstellen. Auf den kleineren Straßen in Zentralmalta kann man noch Löcher finden, ansonsten sind besonders die Zugänge zu den Touristenattraktionen inzwischen besser geteert als so manche Straße in Deutschland und so breit, dass auch Linksverkehranfänger sich nicht fürchten müssen. Fünfzig Stundenkilometer fühlen sich inzwischen nicht mehr wie neunzig an. Die einst einzige mehrspurige Schnellstraße zwischen Sliema und Mellieħa hat Gesellschaft bekommen: Inzwischen ist der ganze Speckgürtel von Valletta über eine Verlängerung schnell zu überwinden und auch der Flughafen in kürzester Zeit erreicht. Sogar Tunnel wurden in den Kalkstein gegraben. Bei meinem ersten Besuch hingegen erlebte ich, dass man wie wir auf einer einsamen Bergstraße auf dem Marfa Ridge mit siebzig Sachen auf ein handgemaltes Pappschild mit der Aufschrift »Attention« zusteuerte, hinter dem sich unversehens ein metertiefes Loch auftat.

Was die anderen Autofahrer nicht hinderte, in einem Tempo darum herumzurasen, als sei ihnen nicht nur James Bond, sondern außerdem der KGB und darüber hinaus ein internationales Bündnis gewaltbereiter Terroristen auf den Fersen. Der *Maltese Calypso* besingt das temperamentvolle Fahrverhalten der Malteser so:

The first thing that made me very cross
Is, everyone drives like Stirling Moss.
And the buses here are a bit of a joke,
They're old and green and make a lot of smoke.
And the smallest book in the world we're told,
That's the Maltese Highway code.

Das Erste, was mich hier sehr verdross,
war: Jeder fährt wie Stirling Moss.
Und die Busse hier sind ein echter Witz,
Qualmen und spucken wie Donner und Blitz,
Und das kleinste Buch der Welt – hört her! –
Sind die Regeln für maltesischen Straßenverkehr.

Sir Stirling Moss ist der älteste heute noch lebende Grand-Prix-Sieger. Der britische Rennfahrer musste seine Karriere bereits 1962 nach einem Unfall beenden.

Einen Grand Prix von Malta gibt es bekanntlich nicht, doch wenn es ihn gäbe, würde er einen ähnlichen Ruf genießen wie der von Monaco. Aber auch wenn heute andere Formel-1-Piloten im Rampenlicht stehen – der *Maltese Calypso* ist Stirling Moss, dem 1929 Geborenen, treu geblieben. Vielleicht nicht unbedingt aus Traditionsbewusstsein und britisch-maltesischer Solidarität, sondern vor allem wegen des schönen Reims.

Dass die maltesische Straßenverkehrsordnung das kleinste Buch der Welt sei – okay, ja, da ist etwas dran. Zwar sind Trunkenheit und Handy am Steuer verboten, aber das heißt nicht, dass sich jeder auch daran hält. Auch im Kreisverkehr gelten eigentlich die üblichen Regeln. Aber seien Sie darauf gefasst, dass Sie möglicherweise die einzige Person sind, die das auch interessiert, und dass Sie sich den Ausgang notfalls mit einigem Nachdruck erkämpfen müssen.

Die generell dringendste Empfehlung für Mietwagennutzer: Hören Sie sich den *Maltese Calypso* bitte erst nach dem Urlaub an, und überblättern Sie dieses Kapitel. Nur so viel: Der Linksverkehr wird Ihr kleinstes Problem sein. Kein Navi der Welt kann sich in dem Gewirr der engen, oft winzigen Straßen zurechtfinden (falls der Wagen denn überhaupt eines hat, was keineswegs die Norm ist). Wenn man zwischen immer enger zusammenrückenden Häusern noch keine (verständliche) Platzangst bekommen hat und glaubt, dass man sich seinem Ziel nähert, taucht sicher irgendwann vor einem das Meer auf, und man hat das Ende der Insel erreicht.

Wenn Sie Ihr Hotel nicht gerade in Mdina haben, seien Sie also gewarnt: Sollte vor Ihnen aus der Landschaft eine Stadt wie ein gestrandetes Schiff auftauchen, dann sind Sie falsch gefahren. Und da die Insel sehr klein ist, kann einem das bei einer Irrfahrt auch mehrmals passieren. Aber das macht nichts – nutzen Sie die Gelegenheit, und überzeugen Sie sich von der Freundlichkeit und Hilfsbereitschaft der Malteser. Längst haben sie sich an die im Linksverkehr ungeübten Touristen gewöhnt. Anstatt sie mit Hupkonzerten von der Straße zu fegen, sind sie jederzeit bereit, verirrte Seelen zu retten. Dabei ist es äußerst hilfreich, dass Mietwagen durch die großflächig aufgebrachte Werbung sofort als solche zu erkennen sind. So wissen die Malteser gleich, dass hier wieder einmal ein überforderter Tourist unterwegs ist, und lassen Gnade walten. Als ich mich das letzte Mal im Speckgürtel um Valletta verfahren habe und nach dem Weg fragen musste, gab sich ein älterer Herr große Mühe, mich auf die Schnellstraße zu lotsen. Und damit ich auch ganz sicher dort ankam, setzte sich sein Sohn am Ende sogar noch in sein eigenes Auto und fuhr vor mir her!

Eine Autobahn gibt es auf Malta nach wie vor nicht. Aber auf einer Insel von rund dreißig Kilometer Länge (Gozo und Comino sind noch kleiner) erübrigt sich womöglich dieser Tribut an den Fortschritt. Inzwischen gibt es auch Ampeln, überraschend viele sogar, doch oft genügen die üblichen Kreisverkehre, die man hier *round-*

about nennt, völlig. Sie können im Übrigen auch ganz gute Orientierungspunkte sein. Außerdem haben Sie hier einen gewaltigen Vorteil beim Navigieren: Da der Kreisverkehr (theoretisch) immer Vorfahrt hat, kann man gemütlich auf der linken Spur so lange im Kreis fahren, bis man weiß, welche Ausfahrt man nehmen möchte. Das verschafft Fahrern und Beifahrern eine Verschnaufpause. Auch wenn man sich daran gewöhnen muss, dass man im Linksverkehr auch mit der linken Hand schaltet, ist ein Kreisverkehr ein gutes Trainingsgelände.

Früher war das ein bisschen anders. Ein Kreisverkehr wurde da schnell zu einer veritablen Mausefalle, aus der man als ungeübter Tourist nicht so leicht wieder entkommen konnte. Denn alle anderen rasten mit bemerkenswertem Killerinstinkt an einem vorbei und machten es unmöglich, die Ausfahrt zu erwischen. Wie im buddhistischen Zirkel von Leben und Wiedergeburt gefangen und ständig auf der Suche nach dem rettenden Ausgang ins Nirwana, bewegte man sich in einem ewigen Kreislauf, aus dem es kein Entrinnen gab. Zumindest bis sich der Verkehr beruhigte.

Früher hieß es, ein maltesisches Auto brauche eigentlich nur zwei Dinge, die funktionieren: eine Hupe und eine Bremse. Inzwischen sollten Sie sich beim Mieten eines Wagens aber auch mit der Benutzung der Gangschaltung und des Blinkers vertraut machen. Vor zwanzig Jahren genügte es noch, einfach den Arm aus dem Fenster zu halten, wenn man abbiegen wollte. Und ein weiterer Tipp: Achten Sie darauf, ein möglichst kleines Gefährt zu mieten. Vergessen Sie Statussymbole. Sie würden es bereuen, noch bevor Sie es um die nächste Ecke geschafft haben. Selbst in den Touristenhochburgen von Sliema, St. Julian's, Mellieħa und St. Paul's sind die wenigsten Straßen auf Statussymbole eingestellt. Und glauben Sie mir: Wenn Sie im Stau stehen, auf der linken Seite eine Baustelle, auf der rechten den Gegenverkehr, und alle anderen die Straße kurzerhand für vierspurig erklären, wenn rechts von ihnen zwei Fahrer über den Mittelstreifen hinweg ein Schwätzchen halten, während von hinten ein ungeduldiger Kleinbus voller Touristen hupt und drängelt – spätestens dann werden Sie dankbar für diesen Rat sein.

Immerhin werden Sie im Stau nicht schwitzen müssen (außer vor Angst), denn heute haben die Mietautos für gewöhnlich eine Klimaanlage. Vor allem im August kann es auf Malta ziemlich schwül und heiß werden.

»Sie sagen dir nie die richtigen Temperaturen«, erklärte mir ein Taxifahrer. »Wenn es in den Nachrichten heißt, wir kriegen 38 Grad, dann heißt das mindestens 38 Grad im Schatten!« Manchmal bleibt sogar der Wind weg, der ansonsten eigentlich fast immer weht. Die schwere Salzluft hängt dann in den engen Straßen, und es riecht nach Afrika. Wenn man dann durch Valletta läuft und dort endlich ein leichter Hauch durch die Schachbrettstraßen weht, weiß man, warum Francesco Laparelli die Stadt so und nicht anders geplant hat.

Wenn ich auf Malta unterwegs bin, muss leider gesagt werden, dass sich mein Fahrstil sehr schnell den Gegebenheiten anpasst. Auch wenn ich nicht ganz so fix unterwegs bin wie routinierte Malteser, neige ich auch dazu, relativ knapp an Straßenrändern und manchmal auch entgegenkommenden Autos vorbeizusausen. Mein Mann sitzt dann mit weichen Knien und verkrampften Händen auf dem Beifahrersitz und hofft, dass ich den Wagen ohne Schramme zurückbringe. Dabei fahre ich doch nur da, wo der Schatten ist. Ach ja – der Schatten.

Taxifahrten sind nämlich keine stressfreie Alternative, sondern eine weitere Herausforderung an den Orientierungssinn: Denn die Taxifahrer fahren weder rechts noch links, sondern eben da, wo der Schatten ist.

Now I took a taxi, had a terrible fright,
He drove on the left, he drove on the right.
I took a taxi, had a terrible fright,
He drove on the left, in the middle and the right.
I asked the driver: Can this be true?
Does everyone in Malta drive like you?
He smiled at me, said: We got it made:
In Malta, everybody drives in the shade.

Ich nahm ein Taxi, mir war schrecklich bang:
Mal fuhr er links, mal rechts entlang.
Ich nahm ein Taxi, mir war schrecklich bang:
Mal ging's links, mal rechts, mal mittig entlang.
Ich frage den Fahrer: Wie geht das zu?
Fährt jeder hier denn so wie du?
Er grinste breit: Dass du es nicht vergisst:
In Malta fährt man, wo der Schatten ist!

Die maltesischen Blogs und Social-Media-Gruppen sind voll Horrorgeschichten über die berüchtigten weißen Taxis. Zunächst sollte man einige Zeit einkalkulieren, bis das Taxi überhaupt kommt. Ist es dann da, könnte es allerdings verhext sein: Der Spuk betrifft vor allem die Taxameter, insbesondere am Wochenende – in diesem Fall muss man unbedingt den Preis vor der Fahrt verhandeln. Sitzt man dann im Taxi, sollte man sich gut anschnallen, denn Taxen dürfen mindestens doppelt so schnell fahren, wie die Geschwindigkeitsbegrenzung es zulässt (sagt vermutlich der taxieigene Geist). Außerdem kann es vorkommen, dass Sie unterwegs nach einem Schwätzchen Ihres Fahrers noch einen weiteren (diesseitigen) Mitfahrer bekommen. Haben Sie den Fahrer dann ans Ziel gelotst (wobei er sich noch ein paarmal »verfährt«, was er dann auf den Preis schlägt, weil es Ihre Schuld ist), sollten Sie nicht zu hart über den Endpreis verhandeln. Denn so mancher Taxifahrer soll seine Preisvorstellungen auch handgreiflich durchsetzen. Ich selbst fahre auf Malta so gut wie nie mit den weißen Taxen und kenne diese Geschichten nur vom Hörensagen. Alle aber empfehlen dringend, statt ihrer die Alternativen zu nutzen: eCabs, GreenCabs und Yellow Cabs. Das sei all jenen gesagt, die sich vor dem Linksverkehr fürchten. Es geht schlimmer. Immer.

Die Malteser sind feurige Autofahrer, doch ebenso leidenschaftlich, wie sie sich in die Kurven legen, so stoisch und entspannt können sie auch sein, wenn vor ihnen auf der Straße jemand einfach mitten auf der Spur anhält, um sich im Laden am Straßenrand ein Kinnie zu kaufen und ein Schwätzchen mit dem Verkäufer zu halten. Oder mit einem Freund auf der Gegenfahrbahn schnell ein paar Neuigkeiten auszutauschen. Nun ja. Je nach Stimmung. Hupen wird man aber möglicherweise in jedem Fall, und wenn es nur ist, um auch mal Hallo zu sagen. Oder weil man ein spukendes Auto fährt.

Apropos Spuk: Die Busse, von denen der *Calypso* spricht, gehören inzwischen der Vergangenheit an. Für immer verschwunden sind die berüchtigten, von Einheimischen wie Gästen ebenso leidenschaftlich geliebten wie gehassten Schrottmühlen: Geschenke von Queen Elizabeth II. (oder ihrem Vorgänger? So genau weiß man das nie) an die ehemalige Kolonie, oft um einiges älter als die betagtesten Insassen. Grün umgefärbt, erlebten sie auf Malta eine Reinkarnation. Immer wieder brachen sie auf offener Strecke zusammen, und alle Fahrgäste mussten in den nächsten vorbeifahrenden Bus wechseln. Wenn der denn anhielt. Denn auch heute gilt: Wenn ein maltesischer Bus voll ist, hält er so lange nicht mehr, bis genug Leute ausgestiegen sind und wieder Platz ist.

Ich habe Stunden an maltesischen Straßenrändern verbracht, oft in glühender Hitze, und zwar, es muss leider gesagt werden, meistens auf der Heimfahrt. Während man vormittags noch relativ problemlos all seine Ziele erreichte, bekamen die Busse schon mal den Nachmittagsblues und machten etwas früher Feierabend, als der Fahrplan es vorsah. Ein Schelm, wer hier nicht an Geister glaubt. Ja, die alten Busse waren irgendwie beseelt, und auch wenn ich so mancher Fahrt sicher nicht nachtrauere, irgendwie vermisse ich sie doch, jetzt, da sie weg sind.

Da ihre Nachfolger jedoch von einer DB-Tochter gestellt wurden, kann man guter Hoffnung sein, dass wir in wenigen Jahren wieder neue Geistergeschichten von den maltesischen Bussen hören und so doch die Tradition erhalten bleibt.

Ihr Zentrum, das alle einschlägig Traumatisierten tunlichst meiden sollten, ist der Tritonenbrunnen vor dem Stadttor von Valletta – hier befindet sich der zentrale Busbahnhof. So manche Tragödie und Komödie habe ich hier erlebt. Trost spendeten die zahlreichen Stände, wo man immer eine Flasche Wasser oder ein Kinnie bekam, wenn es mit dem öffentlichen Nahverkehr mal wieder haperte.

Fußgänger, die keine Selbstmordabsichten hegen, sollten nach Möglichkeit Zebrastreifen benutzen, um zu ihrem Bus zu gelangen – nicht nur wegen des temperamentvollen Fahrverhaltens, das durch einen Zebrastreifen noch am ehesten gebremst wird, sondern auch wegen des Linksverkehrs. Nicht wenige Touristen entgingen nur knapp einem tragischen Ende, weil sie beim Überqueren der Straße in die falsche Richtung blickten.

Wer nicht seekrank wird, kann sich übrigens auch zu Wasser fortbewegen: Seit einigen Jahren gibt es Fährverkehr zwischen Sliema und Valletta und zwischen Cospicua (als Anlaufpunkt für die Drei Städte) und Valletta. Die Schiffe benötigen für die Überfahrt jeweils nur ein paar Minuten und sind damit weit schneller als jeder Bus und jedes Auto. Und im Übrigen, dank des überschaubaren Staurisikos, auch sehr viel pünktlicher.

In Sliema muss man, um die Anlegestelle zu erreichen, an den Ständen diverser Anbieter von Inselrundfahrten vorbei. Wenn sie nicht besetzt sind, sind die Inhaber vermutlich gerade schnell ins Wasser gesprungen, um sich abzukühlen. Denn sowohl der Große wie auch der Marsamxett-Hafen haben nach wie vor glasklares Wasser. Unter den Stadtmauern von Valletta sieht man oft Angler, die hier stoisch ihrem Hobby frönen, während neben ihnen die Fähre anlegt.

An einer Stelle in Valletta treffe ich immer dasselbe alte Ehepaar. Unterhalb eines Schildes mit der Aufschrift *Born to fish, forced to work*. Stundenlang können sie in der prallen Hitze auf einen guten Fang warten. Kinder schaukeln friedlich auf Luftmatratzen, Schwärme von kleinen und bisweilen auch größeren Fischen jagen durch das klare Wasser.

Noch immer kann man auf Malta selbst im Hafenbecken schwimmen. Besser denn je – man ist heute viel umweltbewusster als früher. Überall wird dazu aufgerufen, Straßen und Meer sauber zu halten. Hundebesitzer verwenden selbstverständlich die zahlreichen Hundetoiletten.

Früher führten Hunde auf Malta eine Randexistenz. In Städten sah man sie, anders als Katzen, so gut wie gar nicht, und wenn, dann flohen sie vor allem, was zwei Beine hatte. Das hat sich gründlich geändert. Mit zunehmendem Wohlstand sind auch die Malteser auf den Hund gekommen, und so begegnet man immer mehr älteren Ladys mit ihren vierbeinigen Lieblingen in den Straßen von Valletta.

Übrigens: Vielleicht fällt Ihnen ja auf einer der Landstraßen eines der Schilder mit den Igeln auf. So wie in Deutschland vor kreuzenden Rehen gewarnt wird, achtet man auf Malta auf die Igel. Umweltbewusstsein wurde wie selbstverständlich in den Alltag integriert, ohne dass man seine ruhige, gelassene Lebensart aufgeben würde oder gar ideologisch würde.

Aber zurück aufs Wasser! Man sollte nicht unterschätzen, dass dort genauso viel Verkehr unterwegs sein kann wie an Land. Mit Booten kommt man schnell überallhin: mit der Fähre von Ċirkewwa aus nach Gozo, mit dem Schnellboot in neunzig Minuten zum Shoppen nach Sizilien oder mit einem Fischerboot durch die Höhlen von Comino. Wobei wir da schon wieder bei den Taxifahrern wären, die zu Wasser auch nicht anders fahren als zu Lande … Denn die Boote sind ebenso motorisiert wie die alten Dieselbusse früher. Mit dem Ergebnis, dass in den Höhlen bald gesundheitsschädigende Konzentrationen von Qualm erreicht sind. Was man den maltesischen Bootsführern aber wirklich lassen muss – sie lassen mit sich reden. Mit ein bisschen Verhandlungsgeschick wird aus einer Touristenbootstour in die Blaue Grotte schnell ein Badeausflug.

Ein veritables Piratenschiff liegt schließlich im Hafen von Gżira vor Anker: die *Black Pearl* (ja, wirklich!), in der heute ein Restaurant (mit schlechten Kritiken) untergebracht ist. Sie soll Hollywoodlegende Errol Flynn gehört haben.

Game of Thrones

Das Spiel geht weiter

Apropos Film. Da wären ja noch die Mediterranean Film Studios.

Auf der Oberfläche des Wassertanks liegen ruderbootgroße Piratenschiffe, an den Ufern stehen Buden mit Garderoben, Werkstätten und Ausrüstung. Plattformen für Kamerateams und Regie schaukeln im Wasser, Kameraleute in Tauchanzügen warten auf ihren Einsatz. Dann wird die Wellenmaschine eingeschaltet: Eine schwere Metallplatte senkt sich in rhythmischen Abständen auf die Oberfläche. Die Schiffe beginnen zu schwanken. Ventilatoren peitschen Wind in die schlaffen Segel. Von einer der Plattformen aus hebt ein Arbeiter einen Feuerwehrschlauch und richtet im Takt der Sturmböen den Strahl auf die Schiffe. Von einer gewaltigen Metallschanze schießt plötzlich ein Schwall Wasser und ergießt sich auf das Deck.

»Cut!«, ruft der Regisseur – und die Illusion endet.

Diese Szene ist vielleicht nur für einen ganz einfachen Werbespot gedacht. Genauso gut könnte sie aber für einen großen Hollywoodblockbuster bestimmt sein.

Angefangen hat alles 1979 mit dem Musicalfilm *Popeye* mit Robin Williams. Die Kulissen im Filmdorf Popeye Village sind noch immer zu bewundern und vor allem bei Kindern beliebt. Inzwischen ist daraus ein kleiner Freizeitpark geworden, mit Shows mit den Filmcharakteren und einem Spielplatz, alles inzwischen allerdings ein wenig angestaubt.

Doch in Popeye Village filmt schon lange niemand mehr. Inzwischen haben Wikinger, Action- und Fantasy-Helden aller Art den Weg nach Malta gefunden. Weltberühmte Stars haben hier gedreht: Brad Pitt für *World War Z*, Daniel Craig für *Casino Royale*. Maltafans erkennen auch in Szenen aus *Wickie und die starken Männer* oder *Der Graf von Monte Christo* »ihre« Insel. Und natürlich in *Game of Thrones*, wo das barocke Stadttor von Mdina mit dem Wappen von Großmeister Vilhena zu sehen ist.

Drehorttouristen klappern die Wirkungsstätten ihrer neuen Heiligen ab wie früher die Pilger Wallfahrtsorte. Die Buchreihe *World Film Locations* hat für solche Interessenten alles ganz genau zusammengestellt. Und da einige dieser Orte gut zu besichtigen sind, wollen wir ein paar davon aufführen.

Monte Christo nutzte das mediterrane Ambiente von Malta, das sich vorzüglich als Schatzinsel eignet. Es sind die maltesischen Höhlen, die der Held durchstreift und deren Wellenspiel sich an den Kalksteindecken spiegelt. Der römische Karneval wurde auf den Platz vor der Kathedrale von Mdina verlegt. Die Uferpromenade von Birgu mit der Capitaneria, der Hafenbehörde, diente als Hafenviertel von Marseille. Und die Außenansicht des

Château d'If, in dem der arme Edmond vierzehn Jahre als Gefangener verbringt, lieferte der schroffe Kalksteinkubus des St. Mary's Tower auf Comino.

Comino ist vor allem bekannt für seine Blaue Lagune mit dem türkisfarbenen Wasser. Das fast karibische Flair eignet sich natürlich wunderbar für Filmaufnahmen. Hier kreuzten in *Erik der Wikinger* überdrehte Nordmänner, und Madonna tauchte für *Swept Away* ab. Brad Pitt traf als Achilles in *Troja* hier seine Mutter Thetis beim Muschelsammeln, während die Ruderboote zur Abfahrt nach Troja schon bereitlagen. Trojas Strand lag übrigens nicht weit davon: an den Sandstränden der Golden Bay und der Għajn Tuffieħa Bay auf der Hauptinsel Malta.

Bleiben wir bei Brad Pitt. Er hat auch schon auf Gozo gedreht, wofür sich eine verschlafene Bucht, Mġarr ix-Xini, in ein verwunschenes Örtchen an der südfranzösischen Küste verwandelte. Dort spielte Pitt einen Schriftsteller, der an der Seite seiner damaligen Frau Angelina Jolie gegen Leinwandschreibblockaden und Depressionen kämpfte. Am Schluss des Films joggen beide am Azure Window vorbei, vielleicht eine der beliebtesten Filmkulissen Maltas, ehe sie für immer verloren ging.

Das wesentlich monumentalere Troja wurde übrigens gegenüber von Valletta in Fort Ricasoli in Kalkara nachgebaut. Die Festungen aus der Johanniterzeit sind derzeit als Kulissen besonders beliebt, und so verwundert es nicht, dass sich inzwischen auch St. Elmo an der Spitze Vallettas für *Midnight Express* in ein türkisches Gefängnis verwandelte. Fort Ricasoli hat schon entsprechend viele Leben hinter sich: als Rom in *Gladiator* zum Beispiel, in *Assassin's Creed* mit Michael Fassbender und natürlich in *Game of Thrones*. Sogar in die spanische Alhambra wurde es schon verwandelt – obwohl das Original ja eigentlich gar nicht so weit entfernt ist (aber natürlich unter Denkmalschutz steht, weswegen aufwendige Dreharbeiten mit oft rücksichtslosen Technikern vermutlich nicht gern gesehen werden).

Ursprünglich gebaut, um die enge Einfahrt zum Grand Harbour auch von der anderen Seite aus zu sichern, ist Fort Ricasoli heute mit seinen rund 70 000 Quadratmetern der zweite Mittelpunkt der Filmstudios. Obwohl die Studios in geführten Touren zu besichtigen sind, ist hier allerdings außerhalb der Dreharbeiten nicht viel zu sehen. Troja verschwand nach Abschluss der Arbeiten ebenso wie Rom, Jerusalem oder Königsmund. Die Welt dreht sich weiter, unerbittlich vergeht die Zeit, eine Kulisse lässt sie stehen, die andere wandert ins Lager, und nur noch Spuren im Staub von gestern verraten, dass sie je existierte.

Nicht weit, nämlich gegenüber in Valletta, in der St. Dominic Street, liegt das Jerusalem aus *World War Z*. Insgesamt hat Valletta schon einige vorderorientalische Städte verkörpert, zum Beispiel auch Beirut, dem es dank seiner Architektur mit den engen Straßen, dem gelben Kalkstein und den typischen Erkern aus buntem Holz teilweise wirklich zum Verwechseln ähnlich ist. Der vatikanische Stararchitekt Francesco Laparelli sorgte im 16. Jahrhundert allerdings dafür, dass Valletta an manchen Stellen auch Rom gleicht. Das nutzte der Film *München* von Steven Spielberg, in dem sich Moritz Bleibtreu, Eric Bana und Yvan Attal auf dem Republic Square anstatt in einem römischen Café trafen.

Besonders intensiv nutzt das Team von *Game of Thrones* Malta als Drehort. Auf Gozo musste es Schadensersatz zahlen, weil es die Landschaft derart verwüstete, dass ernste Schäden unterhalb des Azure Window entstanden – dort, wo Daenerys Targaryen den ruppigen Khal Drogo ehelichte. Bekannt ist auch das Stadttor von Mdina, das als Eingang zur Filmstadt Königsmund dient. Aber auch auf Fort Manoel, auf den Stufen des barocken Verdala Palace, in den San Anton Gardens und natürlich auf den zahllosen Treppchen in Vallettas Straßen erkennt so mancher Fan Orte aus der Serie, in der die Männchen sich noch auf die Brust trommeln und die Weibchen allzeit willig sind.

Malta ist heute einer der wichtigsten Drehorte Europas. Begonnen hat alles 1963/64 mit der Gründung der Mediterranean Film Studios. Die gewaltigen Wasserbecken, in denen sich mühelos Stürme, Seeschlachten oder auch versinkende Casinos simulieren lassen, bildeten seit Ende der Sechzigerjahre eine Hauptwirkungsstätte der maltesischen Spezialisten. 122 mal 92 Meter misst das ältere der beiden, 1,8 Meter ist es tief. Der Tiefwassertank hat ein Volumen von 43,2 Millionen Litern bei elf Meter Tiefe. Hier werden Unterwasserszenen gedreht – nützlich für U-Boot-Spektakel wie *U-571*. Eine versenkbare Glaskammer schützt empfindliche Kameras. Noch heute sind die Studios auf Über- und Unterwassereffekte spezialisiert – außer Malta besitzt derzeit nur Mexiko vergleichbare Becken –, und so wurden hier auch Szenen für *Casino Royale* oder die *Wickie*-Filme gedreht. Da die Tanks vor der Kulisse des Meeres stehen, mit dem der Horizont verschmilzt, ist die Illusion perfekt. Wenn allerdings die gigantische Kulisse des Grand Harbour oder des Marsamxett-Hafens benötigt wird, wird auch gerne mal der reguläre Schiffsverkehr für die Dauer der Aufnahmen unterbrochen.

Schiffe können warten. Aber nicht die Festa! Heißt es Hollywood gegen Heilige, geht der Punkt eindeutig an die Heiligen. An Festa-Tagen ist Drehpause. Die Filmstudios wissen, dass sie gegenüber San Lawrenz und San Duminku immer den Kürzeren ziehen werden. Niemand würde die Festa unterbrechen oder gar absagen nur wegen irgendwelcher Leute namens Ridley Scott oder Madonna. Und umgekehrt möchte auch kein Regisseur über seinem Rom zur Zeit der Gladiatoren oder über Königsmund und Reiterkriegern buntes Feuerwerk haben.

Mittlerweile haben die maltesischen Inseln rund zwanzig Länder dargestellt – in hundert internationalen Filmen. In *I Shouldn't Be Alive* doubelten sie die mexikanische Küste. In *Sag niemals nie* drehte Sean Connery als James Bond auf Gozo, Rachel Weisz verkörperte hier die Philosophin Hypatia in *Agora*, und auch Szenen aus dem *Da Vinci Code* wurden hier gedreht. Sogar Bollywoodheldinnen tanzten schon vor der Skyline des Großen Hafens mit ihren Filmpartnern. Denn neuerdings erschließen sich die Filmstudios neue Kunden in Indien. Der Durchbruch als internationales mediterranes Hollywood kam aber mit *Gladiator*.

In der Kneipe »The Pub« in Valletta, gleich hinter dem Großmeisterpalast in der Archbishop Street, erinnert man sich noch an den Abend, als Oliver Reed wie so oft hier war. Wieder einmal hatte der Pub gut an dem trinkfesten Schauspieler verdient, bis er auf einmal zusammenbrach. Kurze Zeit später verstarb er im Krankenhaus an einem Herzinfarkt.

Russell Crowe, der bei den Dreharbeiten zu *Gladiator* noch eher unbekannt war, soll übrigens leidenschaftlich gern auf Malta gesegelt sein und sogar ein Kricketturnier gegen den Marsa Sports and Country Club organisiert haben, das er allerdings verlor. Die Malteser sollte eben auch ein Gladiator nicht unterschätzen.

Calypso zum Abschied

But when you leave Malta you'll be very sad –
Cause things over here aren't really that bad.
We got the sunshine, we got the sea
(And not long ago we got the colour TV).
Now, when you come back, well, you never know:
Someone might have filled up all the holes in the roads.

Verlässt du Malta, trübt doch Schmerz deine Sicht,
Denn gar so schlecht ist es auch wieder nicht.
Wir haben die Sonne, wir haben das Meer
Und Farbfernsehen – es ist noch nicht lange her.
Und kommst du zurück, nun, es könnte sein:
All die Schlaglöcher könnten gestopft worden sein!

Als ich das erste Mal in Malta war, hieß es noch: *And this year – maybe – the coloured TV:* Und dieses Jahr bekommen wir – vielleicht – das Farbfernsehen. Die ständig vorgenommenen Änderungen am *Maltese Calypso* sind für mich deshalb symptomatisch für den ewigen Wandel der Geschichte, von dem die Inselgruppe sich schon seit so langer Zeit tragen lässt wie ein Taucher von der Dünung. Das Schöne an mündlich tradierten Liedern ist, dass alle irgendwie daran mitgedichtet haben und es permanent weiter tun. Das macht die Texte der Għana so anpassungsfähig, wie es für die maltesischen Inseln insgesamt typisch ist.

Wissend, dass man gegen das Meer keine Chance hat, nutzen die Malteser geschickt die Strömung der Zeit. Briten, Franzosen, Johanniter, Normannen, Araber, Römer – sie alle haben ihre Spuren hinterlassen, welche Malta so unverwechselbar geprägt haben. Aber wer immer auch geglaubt hat, diese Inseln zu besitzen, irgendwann hat ihn die Strömung davongetragen wie alle, die sie nicht zu nutzen wissen, sondern sie zu beherrschen suchen.

Symbolhaft steht vielleicht die Gegend um das neue City Gate in Valletta für diese Entwicklung. Einst war das ein Ort, den man schnell hinter sich ließ: Am City Gate verharrte man höchstens wegen der öffentlichen Münztelefone oder um Postkarten zu kaufen. Heute ist der Platz um das einstige neoklassizistische Monstrum nicht mehr wiederzuerkennen. Die alten grauen Brocken wurden abgerissen, und Stararchitekt Renzo Piano hat ein modernes, offenes Tor geschaffen. Daneben steht ein funkelnagelneues modernes Parlament. Das wurde auch Zeit, denn bis dahin tagte das maltesische Parlament noch wie weiland Ferdinand von Hompesch im Großmeisterpalast. In den ersten Jahren der Unabhängigkeit sogar in der Tapestry Chamber, einem winzigen Raum mit kostbaren niederländischen Wandteppichen, den die Abgeordneten quasi mit den Touristen teilen mussten.

Das neue Gebäude liegt unweit der Auberge de Castille, dem Wohnsitz des Premierministers. Von hier aus blicken die Mitglieder nicht mehr auf die Reste kolonialer Architektur (das City Gate hieß früher King's Gate). Wo einst nur billiger Kitsch zu kaufen war, haben sich Cafés und Kunsthandwerk etabliert. Und jedes Mal, wenn ich das gentrifizierte obere Ende der Strait Street besuche, traue ich meinen Augen nicht. Dort gibt es inzwischen tatsächlich ein paar von Vallettas angesagten Weinbars und Restaurants und einen entzückenden kleinen Buchladen, der vor allem Titel auf Malti führt. Keine in die Jahre gekommenen Animierdamen mehr, von denen noch Ende der Achtzigerjahre der Putz ebenso abblätterte wie von den Gebäuden, in denen sie hausten. Hier trifft sich heute das neue Valletta, gemeinsam mit Touristen und Arbeitern aus dem nahen Sizilien.

Der Strait Street hat die Gentrifizierung gutgetan. Denn eigentlich ist it-Triq id-Dejqa, wie die Straße auf Malti heißt, genauso wenig hässlich wie der Rest von Valletta. Im Gegenteil, mit ihren hübschen Treppchen hat sie romantische und durchaus telegene Stellen, die von den ersten Geschäftsleuten erkannt wurden, die dort Cafés und Buchläden eröffneten. Ich wünsche es der »engen Straße«, dass sie bald ebenso hübsch und adrett sein wird wie so viele andere inzwischen. Und den traurigen Anblick abgehalfterter Seemannströsterinnen, die die pure Not noch in vorgerücktem Alter in die Prostitution treibt, wird man dann nur noch als Geistererscheinung verbuchen.

Seit meiner Kindheit ist Malta im Turbogang im Europa des 21. Jahrhunderts angekommen. Es hat sich vom Aschenputtel Europas zu einem beliebten Einwanderungsland für andere Europäer gemausert. Längst kann man in Sliema alles kaufen, was es auch anderswo gibt, wartet Valletta mit einem Kulturprogramm auf, das sich im europäischen Vergleich sehen lassen kann. Das Gesundheitssystem muss international keine Vergleiche scheuen.

Die Wasserversorgung, früher ein echtes Problem auf den trockenen Inseln, ist gesichert. Vieles, was an Malta auf den ersten Blick vielleicht wenig spektakulär wirkt, hat sich letztlich als Glücksfall erwiesen. Die im Sommer vielerorts karge Landschaft taugt vielleicht nicht besonders gut zum Anbau von Obst und Gemüse. Aber sie ist die ideale Filmkulisse. Das gelbe Häusermeer, das Teile der Insel bedeckt, ist vermutlich fast ebenso oft wie Rom oder die Toskana auf Kinoleinwänden zu sehen – mal als Beirut, mal als Jerusalem, antikes Rom oder als Fantasy-Stadt.

Gleichzeitig bietet Malta auf kleinem Raum weit mehr geschichtsträchtige Attraktionen als manche anderen Gegenden auf sehr viel mehr Quadratmetern. Dreimal UNESCO-Weltkulturerbe (wobei die Tempelanlagen nicht einzeln, sondern alle gemeinsam als ein Punkt geführt werden!) und derzeit siebenmal Tentativliste (Anwärter auf den Status als Welterbe) auf 316 Quadratkilometern! Der Tourismus auf Malta ist angenehm: Kulturreisende, Familien mit Kindern und natürlich junge Leute, die wegen der Sprachkurse kommen.

Auch gesellschaftlich hat Malta trotz des noch immer starken Katholizismus mühelos den Anschluss an die Gegenwart geschafft. Während sich vor dem Zweiten Weltkrieg die Frauen noch mit der Għonnella verschleierten, haben sie sich heute mit dem Nachdruck einer waschechten Magna Mater moderne Freiheiten erobert und werden diese Entwicklung fortsetzen. Die Għana ist ein lebendiger Spiegel des Lebens, der sich kontinuierlich weiterentwickelt und dessen Kunstfertigkeit in seiner spontanen Textimprovisation liegt – Improvisation und Wettbewerbsgeist, die so typisch auch für andere Lebensbereiche sind, ob es nun um die schönste Festa geht oder um die Justierung einer Satellitenschüssel mit eher unkonventionellen Mitteln.

Die Girlanden und Pergolen aus frei liegenden Starkstromkabeln sind (nicht überall) verschwunden, das Internet hat Einzug gehalten. Früher oder später, da bin ich mir sicher, wird es auch mit der Stromversorgung reibungslos klappen. Ich freue mich für »meine« Insel. Dank dieser guten Entwicklung werden Malteser und Touristen es auch verschmerzen, dass das Azure Window eingestürzt ist. Und irgendwann, in irgendeiner gar nicht so fernen Zukunft, wird der *Maltese Calypso* recht behalten und jemand wird das allerletzte Loch in der Straße gestopft haben. Aber bei dem Improvisationstalent der Malteser wird es dann bald neue Strophen geben. Vielleicht sind sie ja sogar schon irgendwo in Arbeit.

Aussprache maltesischer Wörter

Malti ist eine semitische Sprache und ähnelt sehr den westarabischen Sprachen. Für andere Europäer fremd sind vor allem X (wie sch gesprochen), Q (Stimmabsatz) und Għ (ein Reibelaut).

C: wird wie k gesprochen.

Ċ: tsch wie in Entschuldigung.

Ew: kein deutsches »eu«, sondern wie im Italienischen deutlich hörbares e-u.

Ġ: weiches dsch wie in John.

Għ: ein stimmhafter Reibelaut, der, anders als im Hocharabischen, kaum zu hören ist. Am Wortende, nach Vokalen außer a, wird er wie h gesprochen, ansonsten verlängert er den vorherigen oder folgenden Vokal, etwa in Għasel (gesprochen: Aasel).

Għu: meist als ou gesprochen, ähnlich wie das o im englischen »old«, doch ohne den Stimmabsatz am Anfang.

Għi: meist als aai gesprochen, ähnlich wie das i im englischen »island«, doch ohne Stimmabsatz.

H: wird nur am Wortende gesprochen. Ansonsten hört man es nur insofern, als es einen vorhergehenden Vokal verlängert (deher wird deer gesprochen).

Ħ: gehauchtes h (am ehesten wie in »hallo«), auch dann, wenn es in der Wortmitte oder am Wortende steht.

Ie: lang gezogenes i, mit einer leichten Färbung ins a am Ende (Sliiiama für Sliema), ähnlich wie beim englischen Wort »fear«. Ie wird immer betont.

Q: hörbarer Stimmabsatz bzw. stimmloser Verschlusslaut wie vor dem i in »beinhalten«.

W: wie im englischen »water«.

X: sch, z. B. in Xlendi (Schlendi).

Z: ds, wie im italienischen »zucchero«.

Ż: starkes stimmhaftes s, etwa wie im englischen »buzz«.

Konsonanten am Wortende werden gewöhnlich etwas härter ausgesprochen.